¿Ya hiciste tu devocional?

~

Aprende cómo hacer tus devocionales bíblicos, personales y diarios; paso a paso

Albert Frank

Contenido

Dedicatoria

~

Dedico este libro a mi madre. La mujer mas valiente que yo he conocido. Y que sigue construyendo una vida devocional que refleja su vida de obediencia a su salvador Jesucristo entre sus hijos, esposo, familiares, vecinos y hasta donde El Señor la ha llevado.

Ella me enseña aún hoy, lo que es una vida devocional, dependiendo de su Redentor.

¡Gracias mamá por obedecer cada día y dejarnos ver y modelarnos una vida de fe en Jesucristo!

¡Jesucristo es Dios!

Introducción

~

Ante todo, te doy la bienvenida y te agradezco mucho el que hayas comprado este libro. Ya sea digital, en audio o en papel.

Mucho se habla, pero la realidad es que hay poca información respaldada y con La Biblia. O dicho de otra manera, nos falta mucho más información e instrucción de tan indispensable lugar donde pasamos tiempo con Dios y, donde le escuchamos a Él y hablándonos con su Palabra para recibir respuestas directamente de nuestro Creador, la debida corrección e instrucción que necesitamos diariamente.

Casi todo lo que podemos encontrar es a través de videos en línea; pero muy pocos de ellos con la instrucción bíblica. Considero que este problema viene de nuestros maestros y pastores quienes no han dispuesto atención a este fundamental tema.

En las iglesias evangélicas se mencionan los devocionales pero, no se enseña qué son; y por tanto, no ofrecen una instrucción apegada a la esencia y propósito de lo que es una vida devocional, y alineada por su puesto, a la Biblia.

No estoy generalizando de ninguna manera pero, tengo que decir que en las iglesias que esto sucede, al no definir concretamente y como consecuencia al no instruir y responder cómo vivir una vida devocional, y por qué pasar tiempos devociones bíblicos personales y diarios, y por lo que te he escrito en mis líneas anteriores, se presta a lo que lamentablemente considero que vemos en muchas librerías cristianas. Libros con el título de -"Devocionales"- Pero, que solo ofrecen reflexiones de alguien. Eso sí, de entre esta categoría podemos encontrar algunos bíblicos, con doctrina sana pero, que a veces son mas apegados a ofrecernos una reflexión de un corto y limitado estudio bíblico; y no, de una instrucción insisto, de un tiempo devocional bíblico y personal.

Y ya ni que decir de los inmencionables que presentan "pensamientos y reflexiones devocionales llenos de humanismo" de filósofos y pensadores no redimidos por Cristo.

Encuentro el caso similar al fundamental tema del "propósito de Dios en las vidas de sus redimidos". Se habla y menciona desde los púlpitos pero, lamentablemente muy pocas iglesias y pastores predican y enseñan y con La Biblia y en sus manos, cuál es este propósito de Dios para sus redimidos. Y que lamentable solo dirigen a muchos a falso propósito y manipulados hacia una vida fuera de Jesucristo. Hay mucha distorsión y falta de estudio bíblico, serio y responsable.

Y así mismo sucede con el tema de "nuestros devocionales". Mucho se habla de ellos pero al no haber una enseñanza y bíblica y, desde el púlpito pues, es muy fácil que hagamos lo que nos parece "sensato" y tratamos de hacer lo que escuchamos popularmente de entre los hermanos. Lamentablemente ésta práctica que carece de la instrucción y con una solida doctrina bíblica, cae en errores que al no haber resultados, respuestas, fruto o, evidencias de cambio en nuestras vidas y de acuerdo a lo que sí enseña La Palabra de Dios pues, nos lleva al desánimo; nos lleva a la inconsistencia y lo "tratamos de remediar" cambiando de aplicación en nuestro "celular", o de cambiar a un diferente autor con algún otro libro o, ya no darle "like" a esa página en el Facebook y bloquearla.

Es por esto que, con éste libro te ofrezco lo que para mí, a dado un enorme resultado. Aquí en este libro te presentaré no solo una definición con versículos de la Biblia que respaldan lo que te propongo; y además conocerás qué es un devocional bíblico y personal para que conozcas lo necesario y fundamental para que logres sean diarios estos tiempos a los pies de tu Señor Jesucristo.

En nuestro diario vivir necesitamos respuestas. Y respuestas concretas y personales que nos lleven a vivir la paz y libertad; la confianza y convicción que solo dá Jesucristo. Y aquí es durante nuestros tiempos devocionales el lugar y tiempo idóneo porque, un devocional es donde tú recibes muchas respuestas de Dios mismo en lo íntimo y personal. Y aquí es donde y cuando recibimos las instrucciones, correcciones y, la dirección que son necesarias en nuestro diario vivir ante las diferentes circunstancias que atravesamos tanto en lo personal como en el matrimonial, familiar, laboral, profesional, etc, etc...

El orden del contenido de este libro te marca una ruta que pretende iniciar con las respuestas fundamentales y que te llevan a un cimiento confiable para que conforme avances en tu lectura y capítulos, tú forjes una sólida vida devocional.

Conocerás las herramientas, la preparación para éste fundamental tiempo en tu día y claro, la parte práctica; aprenderás cómo hacer un devocional bíblico personal diario. Pero lo que pretendo con éste libro no es únicamente a que aprendas qué es ni, cómo hacer un devocional; ésto como parte de una vida deovcional es muy importante pues, si no tenemos claro qué es y con el respaldo bíblico, la parte práctica de tus devocionales, llevarán errores causados a lo que yo veo una "caída domino".

Antes de seguir adelante, permíteme presentarme. Con la emoción de mis palabras olvidaba presentarme contigo. Mi abuelita me enseñó que siempre que llegara a un lugar, saludara a todos.

Hola, soy Frank. Soy un egresado del "Rio Grande Bible College" en Edinburg, TX. Allí obtuve importante formación formal y doctrinal bíblica con énfasis pastoral. Al egresar, finalicé mi segunda carrera profesional. La primera fue "Ciencias de la Comunicación" de la Universidad Del Valle de México; Lomas Verdes. Estado de México.

Fui parte de la iglesia "Familia Semilla" en McAllen, TX. donde conocí a Jesucristo, Al Dios encarnado y que testifica La Biblia. Aquí obtuve una formación práctica que ha marcado mi vida en varias áreas. Aquí se predica La Biblia expositivamente y verso a verso; esto me ha dado una inigualable plataforma sistemática en mis estudios personales, así como en la forma de exponer Las Escrituras. Además, en esta iglesia los grupos de estudio bíblico en casa son, su columna vertebral como congregación.

Pues, en estas diferentes etapas en mi vida de formación, han sido incomparables salones de clase en las que me prepararon en lo teológico y ministerial; vocacional y llamado práctico.

Pues bien, lo que pretendo con el contenido de este libro es compartirte y ayudarte a que tu aprendas a hacer un devocional bíblico personal diario y con el objetivo principal a que tu inicies una Vida Devocional Bíblica; una vida de dependencia, de respuestas, de instrucción devocional y, permanezcas en ella obedientemente y tu vida lleve todo el fruto que Dios produzca en tí.

Anhelo ver que tu seas un modelo de una vida devocional, reflejando a Jesucristo por lo que produce en tu vida y, a través de tu vida. Por lo que este libro es para toda aquella y aquél que:

Anhele aprender a agradar obedeciendo al Dios de La Biblia y dando mucho fruto.

Obedientemente responda a su Señor y conozca su condición delante de Él.

Permita que Dios Todo Poderoso con su Espíritu Santo, le corrige siendo dócil a su Santa Palabra y Señorío.

Por gracia sea instruido por El Soberano y Eterno Dios Vivo Jesucristo; sabiendo por convicción en su corazón que al permanecer obediente a Él, será transformado en su mente y corazón con La Biblia; su Palabra.

Este libro te ayudará a ver y comprobar las evidencias de que su voluntad ha sido buena en tu vida, y que ha sido agradable a pesar de tus circunstancias durante tu vida, y que ha sido perfecta su soberanía llena de gracia y misericordia y justa en tu vida.

Mi amiga y amigo, esto es lo que te ofrece cada día devocional. ¿te suena esto imposible de vivir? No te preocupes. Para Dios ¡no hay nada imposible! Solo sigue leyendo y ora Al único Dios verdadero y que todo lo puede y que, en sú previo conocimiento, ha escogido a sus apartados y redimidos devotos por El Espíritu Santo para obedecerle a Jesucristo.

¿Leíste bien? Tú solamente obedécele a Él; y cada día ven a escucharle a través de su Palabra Escrita para recibir de Él respuestas concretas y personales de tu vida. Correcciones e instrucciones para tu diario vivir; de qué y de quién te debes apartar y conociendo tú condición delante de Él para saber y aprender a obedecerle.

Te espero en el primer capítulo y, con el sincero deseo de que obtengas respuestas a lo largo de este libro.

13

Capítulo 1

~

¿Qué es un devocional?
Su definición y su propósito
¿De qué te sirve un devocional diario en tu vida?

¿Qué es un Devocional?

Suena "raro" el iniciar este capítulo haciéndote una pregunta; pero al hacértela, entenderás porqué te la hago desde ahora.

Para ti ¿qué es un devocional?

Conforme vayas leyendo, irás entendiendo la intención de hacerte esta pregunta desde ahora. El tema acerca de "devocionales" es un tanto "curioso y exepcional de entender". Ya que muchos de nosotros traemos diferentes "ideas", definiciones, conceptos, métodos e incluso "ni-idea" de cómo definir y por tanto al no saber qué es un devocional, no sabemos exáctamente, cómo invertir tiempo haciendo devocionales. Si estuviéramos reunidos en este preciso momento en grupo, e hiciéramos esta misma pregunta, escucharías diferentes definiciones, teorías, creencias, métodos, conceptos y lo que ya te he dicho, "ni-idea"; por eso, es necesario que tú mismo conozcas cómo defines tú, un devocional y conforme se desarrolla este libro y conozcas respuestas con fundamento, tú mismo iras afirmando o bien, corrigiendo tú definición; así que, te pregunto, ¿Para ti, qué es un devocional?

Escribe aquí tu definición: _____

_____

_____

Ahora, permíteme continuar presentándote una definición de lo que para mí es un devocional bíblico. Mi primer justificación en darte desde ahora una definición, es porque ésta, nos ofrece un punto de partida a todos y de allí, "desmenuzar" en lo posible cada palabra de ésta definición ante la Palabra de Dios y entonces, logrando en estar de acuerdo, podremos ir avanzando paso a paso. Pero ahora con un respaldo bíblico.

Una segunda razón del porqué iniciar con una definición, es porque unificará nuestro criterio y los fundamentos de lo que es un devocional bíblico personal.

Pues bien, un devocional bíblico personal diario lo defino como:

"La actitud del redimido de venir obedientemente a escuchar La Palabra de Dios escrita, todos los días, para conocer la voluntad de Dios, con el propósito de obedecerlo".

Como ya habíamos establecido, analizaremos responsablemente esta definición en cada una de sus partes para poder coincidir y estar de acuerdo; y entonces, lograr unificar el criterio para poder avanzar en los próximos capítulos.

Etimológicamente (origen de la palabra) "devoción" proviene de la palabra en latín -de voto-; la cual ésta, se origina de la palabra -voto- la que significa "consagración", "dedicación".

Es decir, el devoto, es el consagrado, o dedicado a los temas, causas y propósitos de Dios. El devoto se consagra o, se aparta conscientemente y se dedica a los propósitos de Dios en cuerpo, alma y espíritu. Es el hijo de Dios que se interesa en conocer la voluntad de Dios para aprender a obedecerla conscientemente. O sea, vive sus días conscientemente conociendo la voluntad de su Dios y Salvador para obedecerlo.

Al revisar las definiciones que encontramos en bastos diccionarios, (cristianos y no cristianos) encontramos que "devoción" significa:

Practica piadosa, elección voluntaria, fervor, perseverancia, prontitud, hábito, costumbre, predilección; es decir, "devoción" es la dedicación, la consagración, es la entrega total a los propósitos y temas de Dios en cuerpo , alma y espíritu del devoto o, redimido.

Y ya desde aquí, y con estas definiciones y datos, podemos ir corrigiendo por un lado lo que tu y yo creíamos que era un devocional, pero por otro lado, estamos ya conociendo que un devocional se trata de nuestra actitud de vida para conocer la voluntad de Dios y vivirla conscientemente y, no como una actividad más en el día del cristiano.

De hecho, al observar lo anterior, quizá logremos entender que el devoto es un redimido obediente al llamado de su Señor Jesucristo una vez que por El Espíritu entienda su propósito de vida.

Observemos los siguientes versículos bíblicos que nos hablan de esta verdad.

Romanos 14:7-8 (RVR-1960)
Porque ninguno de nosotros vive para sí, y ninguno muere para sí. Así pues, sea que vivamos, para El Señor vivimos; y si morimos, para El Señor morimos. Así pues, sea que vivamos, o que muramos, del Señor somos.

Romanos 12:1 (RVR-1960)
Así que, hermanos, os ruego por las misericordias de Dios, que presentís vuestros cuerpos en sacrificio vivo, santo, agradable a Dios, que es vuestro culto racional.

1 Corintios 6:19-20 (RVR-1960)
¿O ignoráis que vuestro cuerpo es templo del Espíritu Santo, el cual está en vosotros, el cual tenéis de Dios, y que no sois vuestros? Porque habéis sido comprados por precio; glorificad, pues, a Dios en vuestro cuerpo y en vuestro espíritu, los cuales son de Dios.

Muy bien; hasta ahora hemos conocido quién es el devoto; pero un devocional recordemos, es el adjetivo. Es decir lo que dá la cualidad al devoto; es lo que lo define como persona por lo que es, anhela y busca, le interesa y hace. Por tanto un redimido se aparta porque le es primario para aprender a alinearse a lo que Dios le revela de su corazón para vivir aplicando la voluntad de Dios.

Una característica más del devoto es que es piadoso. Piadoso es el que toma en cuenta a Dios. Y en nuestro caso el devoto es piadoso y que con prontitud, con su ejecución voluntaria, con perseverancia, con la actitud de entrega y afecto y dedicación se interesa y prefiere lo de Dios, es decir la voluntad de Dios. Sus palabras, sus enseñanzas, su doctrina, su voluntad, sus estatutos y preceptos. En fin todo lo que revela y enseña La Biblia acerca de Dios Eterno.

Por lo tanto un devocional es el lugar donde se informa y recibe la enseñanza el devoto; es el tiempo con entendimiento donde está siendo educado, y le transforma y le capacita al redimido por Jesucristo y con Su Palabra Escrita. Y que lo que le distingue son sus intereses primeramente por lo de Dios.

Podemos avanzar aún más en nuestro tema pues estamos ya

entendiendo no solo quién es el devoto, y qué es lo que le interesa y busca. Desde ahora, ya estamos encontrando respuestas al por qué hacer un devocional. Ahora sabemos que necesitamos ser educados e instruidos; reafirmados y capacitados y por tanto, en nuestros tiempos devocionales y diarios es que recibimos todo lo que necesitamos para conocer toda la voluntad de Dios revelada para nuestras vidas.

Permíteme nuevamente mostrarte mi definición que creo estamos encontrando más coherente y entendida hasta lo ahora, por lo ya explicado.

Un devocional es nuestra actitud (**la acción, el interés en querer y con la decisión**) del redimido, (**del devoto, consagrado, apartado y escogido por Dios salvado y justificado por Jesucristo**) en venir obedientemente a escuchar (**disponer su corazón e inclinarlo a oír**) La Palabra de Dios escrita (**La Biblia**), para conocer la voluntad de Dios (**lo que ya ha sido escrito y revelado en su Escritura**) y con el propósito de obedecerlo.

Dios mismo nos ha informado que su pueblo pereció por falta de conocimiento. Pero, no cualquier conocimiento ni de cualquier fuente; porque hoy vivimos en la era que se presume es la que más información o desinformación nos ofrece. Pero aquí, nos especifica que es el conocimiento de Dios. Y precisamente el devoto redimido adquiere ese conocimiento de Dios a través de Su Palabra, La Biblia..

En Oseas 4:6 encontraras razones muy interesantes que nos informan de parte misma de Dios, porqué su pueblo pereció. Algunas versiones de éste pasaje informan que el pueblo de Dios fue destruido, fue talado pero por la falta de conocimiento y de sabiduría. Esto me enseña que el pueblo de Israel, no quiso, ni les interesó conocer lo que Dios les revelaba para no perecer, ni sufrir las consecuencias. Desobedecieron y pecaron contra Dios, y vivían apartados de Dios. Y por tanto sus consecuencias que ya conocemos.

Pero no solo es muy valioso para nuestra instrucción lo que nos enseña este pasaje acerca de ser cortado, talado y destruido por falta del conocimiento y sabiduría de Dios mismo. También es muy valioso para cada uno de nosotros porque que nos dice qué ocasionó esta destrucción del pueblo de Dios. Si lees el resto del versículo, nos dice que fue rechazado el conocimiento de Dios; fue desechada la sabiduría de Dios en sus corazones; olvidaron la ley del Señor que ya les había dado y, no les interesó. No era su prioridad. Esto nos puede ayudar a ilustrar y entender lo contrario a lo que es un devoto. Y dicen algunas versiones que perecieron y sufrieron las consecuencias por no seguir las instrucciones de Dios. Incluso una versión nos dice que, por negarse a conocerle. Y esto es precisamente lo que buscamos en un devocional bíblico personal diario. El venir como hijos redimidos por Cristo obedientes, a escuchar de Él mismo y a través de Su Palabra, a conocer y aprender como sus devotos su voluntad, su conocimiento y sabiduría con el objetivo de honrarlo, exaltarlo siendo obedientes y no padecer, no perecer, no vivir en pecado y apartado de Él como consecuencia al permanecer en una vida devocioanl.

Este conocimiento y sabiduría debe permanecer en nuestros corazones y pensamientos por siempre, y debe ser la que gobierne y dirija nuestra mente; obteniendo el mismo entendimiento del Señor, la misma mente de Jesucristo. (1Corintios 2:16)

Al haber ya respondido a los primeros dos puntos de este capítulo, ahora podemos avanzar y responder a las preguntas en qué consiste y, de qué se forma un devocional; porque si bien ha sido muy directo el pasaje de Oseas en indicarnos porqué ha perecido el pueblo de Dios por falta de conocimiento, estas preguntas nos ayudaran a afinar aun más de lo que se forma y, qué esperamos de un tiempo devocional bíblico personal diario.

¿En qué consiste un Devocional Bíblico Personal diario?

Para responder esta pregunta, recurro al libro de Josué. Un devoto y apartado por Dios, al que Él mismo inspira en escribir este libro. Y en el capítulo 1:7 y 8 encontramos el registro de lo que nos ayuda a responder a nuestra pregunta en turno y además, nos ayuda a entender de qué se forma y, de sus partes.

Solamente esfuérzate y sé valiente, para cuidar de hacer (obedecer) conforme a toda la ley que mi siervo Moisés te mandó; no te apartes de ella ni a diestra ni a siniestra, para que seas prosperado en todas las cosas que emprendas.

Nunca se aparte de tu boca este libro de la ley, sino que de día y de noche meditarás en él, para que guardes y hagas (obedecer) conforme a todo lo que en él esta escrito; porque entonces harás prosperar tu camino, y todo te saldrá bien. (Josué 1:7-8 RVR 1960)

Así que, en Josué encontramos respuesta a lo que nos ayudará a evitar lo que nos enseñó Oseas; para no morir, para no padecer y perecer por falta del conocimiento de Dios. Y porque nos ayuda a responder en qué consiste un tiempo devocional bíblico por lo tanto.

- En cuidar con la actitud de ser esforzado y valiente
- En cuidar de hacer (es decir, cuidar en obedecer y cumplir)
- En cuidar de hacer toda La Palabra (es decir, toda La Biblia)
- En cuidar obedientemente en no apartarse de La Biblia ni a diestra ni a siniestra.
- En no apartar de nuestra boca toda la palabra de Dios.
- En meditar en la Biblia de día y de noche.

21

- En guardar y hacer (obedecer y cumplir conforme, de acuerdo a todo lo que está escrito)

Dicho de otra forma, un tiempo devocional bíblico consiste en cuidar en obedecer todo lo que La Biblia nos enseña y, en no apartarnos de su revelación y hablando lo que trata, enseña y manda. Meditando en ella día y noche para ser habilitados en obedecer a Dios. Guardando esta actitud cada día y conscientemente. Y entonces, es hasta entonces que harás prosperar tu camino. Todo esto, nos entrena para no perecer.

¿Qué podemos esperar de cada tiempo Devocional Bíblico Personal?

Es decir, ¿qué debe suceder durante cada tiempo devocional, y en cada día ante nuestro Señor Jesucristo escuchándole hablar a través de su palabra escrita como devotos? La Biblia nos responde esta pregunta (¿Pues, de dónde mas, verdad?) 2 carta de Timoteo 3:16-17

Toda la Escritura es inspirada por Dios, y útil para enseñar. para redarguir, para corregir, para instruir en justicia. a fin de que el hombre de Dios sea perfecto, enteramente preparado para toda buena obra.

Es muy claro lo que leemos aquí ¿no es cierto? Toda la Escritura; los 66 libros que conforman nuestro canon bíblico, son inspirados por Dios y por tanto, toda La Biblia nos es útil para enseñarnos y para, redarguirnos y para, corregirnos y para, instruirnos en justicia. A fin, con el propósito, con la meta, con el objetivo de que el devoto, el redimido por la Sangre de Jesucristo sea perfecto.

Y esta distinción del devoto de ser "perfecto", nos es necesario escudriñarla un poco para entenderla mejor en su significado etimológico o sea, el origen de esta palabra en griego;

y que en una concordancia exhaustiva con número 739, (ártios) "perfecto"significa: -completo, maduro, entero-. Por lo que con esta precisión nos ayuda a entender mejor lo que sucede durante cada tiempo devocional; cada hombre y mujer de Dios sea completo, maduro; sea enteramente preparado para toda buena obra.

Así que la respuesta a la pregunta ¿qué debe suceder durante un tiempo devocional, qué esperamos que suceda al permanecer obedientemente teniendo tiempos devocionales diarios? La respuesta es consistente. Debemos estar madurando, complementándonos, siendo enseñados y redarguidos y corregidos y siendo instruidos; cada día, en cada tiempo devocional.

¡Qué bien!; considero que hasta aquí tenemos ya varias respuestas que ahora podemos considerar fundamentos importantes para dar inicio y para aplicarlos desde hoy y, para permanecer hasta consolidar una vida devocional con un propósito bíblico.

Fundamento de un Devocional Bíblico Personal diario.

Por otro lado, no podemos seguir adelante sin reconocer el indudable, inamovible e indivisible fundamento de todo devocional. Y que es el alimento y argumento y soporte de vida del devoto; y por tanto, de cada uno de su tiempo devocional. Incluso le revela su origen al salvado por Cristo y le muestra su propósito de existencia y meta final. Y este es, La Palabra de Dios. La Biblia.

Si tu observaste, tanto en la cita referida de Josué, como la de Timoteo, La Palabra de Dios no solo se menciona. Nos indica lo indispensable que es; y que no solo nos educa y nos dice que toda Ella es inspirada por Dios mismo; además nos indica y manda a, no apartarnos de Ella ni a diestra ni a siniestra. Y aún más, nos manda a meditar en toda Ella de día y de noche. Y que toda nos es útil, toda la Escritura. Los sesenta y seis libros que conforman nuestro canon bíblico, nos son útiles y por tanto en nuestros tiempos devocionales deben causar enseñanza y arrepentimiento y corrección e instrucción a nuestras vidas para glorificar y exaltar a nuestro Señor Jesucristo. Viviendo en obediencia conscientemente.

Así que La Biblia debe ser nuestra base, nuestro punto de partida y cimiento y fundamento; nuestro origen indispensable como devotos y redimidos para conocer, saber y aprender a obedecer a nuestro Creador y Sustentador. En pocas palabras, La Palabra de Dios es nuestro centro de toda nuestra cosmovisión.

Pero aún quiero poner más claro este argumento recordando que El Espíritu Santo ha inspirado esta misma Palabra; y por tanto, La Palabra de Dios y El Espíritu Santo son inseparables entre sí. Y tú como yo y al haber sido justificados por La Sangre de Jesucristo, sellados por su Espíritu, sabemos que El Espíritu Santo es quien nos enseña todo lo de Cristo y nos recuerda todo lo de Él. (Juan 14:26) Y El mismo Consolador nos dá testimonio de nuestro Redentor Jesucristo y, además nos lleva, nos guía a toda la verdad y porque, no habla por su propia cuenta o propia doctrina, o diferente mensaje sino que nos habla la misma Palabra de Dios y que ha sido por siempre. Y mucho menos habla "cosas nuevas" que no están ya en La Biblia. Pues El Verbo de Vida y El Espíritu Santo son lo mismo. (Juan 16:13)

Esta es una verdad revelada y fundamental en Las Sagradas Escrituras; y por tal razón concluyo que, un devocional es sin lugar a dudas bíblico por su naturaleza, su origen en sí mismo. Por su contenido total como recurso y propósito final en conocimiento para el devoto.

Por lo tanto, si en un devocional, La Biblia no es el fundamento y recurso absoluto y único del devoto, ese tiempo podría ser nombrado de cualquier manera menos, un devocional bíblico personal. Pues un redimido devoto, recibe solo de La Biblia. Y con la sola enseñanza, guía y revelación del Espíritu Santo; Lo que de Dios mismo se trata, y que nos concede el conocimiento y arrepentimiento y corrección e instrucción durante nuestro diario para caminar en esta vida, siendo renovada nuestra mente y entendimiento. Reconociendo que apartados de Él, nada podemos hacer. (Juan 15:4-5) viviendo una sola fe.

El Espíritu Santo en el redimido le recuerda, le instruye, le enseña y lleva a toda verdad con su Palabra; dándole las respuestas con el propósito de hacerle apto para obedecerle; renovando su mente y corazón y, capacitándole y habilitándole para toda la obra de Dios. Por tanto confiemos en que Él nos dirige y provee de lo necesario para obedecerle en cada uno de estos tiempos con su Palabra.

Es como haber sido sacado de la esclavitud de Egipto por la mano dura y soberana de Dios, pero aún con la mente de esclavo y pecador. Y que por la obra que hace Dios en cada tiempo devocional en sus redimidos, somos renovados y transformados en mente y corazón con su misma Palabra, La Biblia; para ahora caminar viviendo en obediencia y de acuerdo con Él, entendidamente.

Por este motivo es que defino a un devocional bíblico personal como: La actitud de venir obedientemente todos los días a escuchar la Palabra de Dios escrita, para conocer y aprender su voluntad y con el propósito de obedecerla.

"En cambio el hombre espiritual juzga todas las cosas; pero él no es juzgado de nadie. Porque ¿quién conoció la mente del Señor? ¿Quién le instruirá? Mas nosotros tenemos la mente de Cristo." 1Corintios 2:15-16 (RVR-1960)

Nos queda claro que sin El Espíritu Santo en el corazón del redimido, le sería imposible reconocer y acercarse a discernir La Biblia pues, La Palabra de Dios se discierne por medio del Espíritu Santo; y todo esto ¿con qué propósito? versículo 16, tener la mente de Cristo. Tener las mismas razones de obedecer a nuestro Padre Eterno y, tener en nuestra mente los principios y preceptos que Cristo tiene; y así saber obedecer tal cual Jesucristo lo hizo entendidamente y en todo y en el tiempo perfecto; y por tanto no pecar, no hacer lo contrario a lo que se nos ha encomendado a ser y hacer.

Por esto mismo amiga y amigo devoto, ¡te animo a que vengas a los pies de tu Señor Jesucristo e inicies una vida devocional bíblica!

"En mi corazón he guardado tus dichos, Para no pecar contra ti. Bendito tú, oh Dios Eterno y único Dios vivo; Enséñame tus estatutos."
Salmo 119:11-12 (RVR-1960)

Dios sabe que en cada momento de nuestros días, afrontamos situaciones y además circunstancias por causa de nuestras erradas desiciones. Y también, por otro lado, vivimos pruebas que nos son necesarias y útiles; y además de batallas y desafíos. Por tales motivos nos es muy necesario La Palabra de Dios en nuestras mentes y corazones. Para conocer la instrucción de Dios, y aprender a obedecerla.

Pero sobre todo, un devocional bíblico debe capacitar y habilitar al redimido para conocer y saber realizar su propósito como un apartado por Dios mismo, para obedecer a Jesucristo. Pues a final de cuentas, para esta actitud de obedecer a Jesucristo es que hemos sido escogidos por Dios y apartados por El Espíritu Santo y como consecuencia haber sido rociados por La Sangre de Jesucristo mismo. 1Pedro 1:2

Por lo que cada mañana al despertar, nos es necesario a todo redimido devoto, la actitud diligente de venir obedientemente y entendidamente a escuchar la instrucción de Dios, a través de Su Palabra escrita, nuestro Pan de cada día, para conocer y aprender a depender de Él. Viviendo y sin apartarnos de Él siendo nuestra Vid Jesucristo y depender de Él. Meditando en Su Palabra de día y de noche.

"Por que muy cerca de ti está la palabra, en tu boca y en tu corazón, para que la cumplas. Mira, yo he puesto delante de ti hoy la vida y el bien, la muerte y el mal; porque yo te mando hoy que ames al Señor tu Dios, que andes en sus caminos, y guardes sus mandamientos, sus estatutos y decretos, para que vivas y seas multiplicado, y Jehová te bendiga en la tierra a la cual entras para tomar posesión de ella."
Deuteronomio 30:14-16 (RVR-1960)

Con lo que respecta a mí, y a través de lo que te he compartido hasta ahora, es que ahora vivo en ésta convicción. Por años viví apartado del propósito de Dios. Lo conocía pero, no lo sabía obedecer ni, vivía conscientemente de esto que su Palabra nos enseña. Tenía respuestas pero, no las sabía obedecer y por tanto, no las vivía; no las aplicaba. Y por consecuencia, vivía desenfocado; hacía "actividades devocionales ocasionales" pero no pasaba tiempo devocional diario y consciente en La Biblia. Por años creyendo que hacer un devocional era leer y leer ocasionalmente La Biblia y sin la meditación y reflexión en mi mente para ser instruido y enseñado por El Espíritu Santo y grabar en mi corazón lo que había leído para obedecerle y agradarle a Él.

Aprendí que el importante hábito de la lectura bíblica es fundamental y que tiene una indiscutible importancia y muy necesaria en cada uno de los redimidos pero, la lectura en sí, no es tu devocional. Tienen sus objetivos específicos y diferentes. La lectura es una parte de tu devocional bíblico y lo veremos en el capítulo correspondiente.

De hecho, Pablo mismo le instruye a su discípulo Timoteo a dedicarse en la lectura mientras llegaba a el (1Timoteo 4:13) pero por ahora, solo quiero aclarar que el tiempo de lectura no es tu devocional bíblico personal diario.

En mi biblioteca personal en casa tengo algunos libros de "devocionales" que los considero valiosos para mí pero, he entendido y aprendido a distinguir que son reflexiones del que los escribió. Es decir, han sido los tiempos devocionales del que los escribe y no de lo que Dios quiere tratar conmigo personalmente.

Y lo que precisamente pretendo en este libro es que tú aprendas a pasar tiempo a los pies de tu Señor a través de tu tiempo devocional biblico personal y para que tú mismo aprendas a escucharle hablar y obedecerle diariamente.

Porque la historia es clara, mi historia y la tuya dan evidencias; Y nos delatan por las consecuencias que estamos viviendo hasta hoy y en diferentes áreas de nuestras vidas por no vivir una vida devocional. Y si seguimos viviendo nuestros días apartados de su Palabra y por tanto de la guía del Espíritu Santo, sin leer La Biblia y sin pasar tiempo escuchándole hablar en nuestra mente y corazón, y sin meditar en lo revelado por Él y sin ir a aplicar y, obedecer lo que Dios mismo nos ha mostrado en corregir en la instrucción revelada y, con el conocimiento y propósito (a través de nuestros tiempos devocionales bíblicos personales diarios); nuestros días seguirán siendo sin respuestas y seguiremos viviendo las consecuencias de nuestra vida de pecado porque apartados de Jesucristo y de Su Palabra, nada podemos hacer. (Juan15:5)

Por esta razón, mi deseo más profundo es compartirte lo valioso e inigualable que es un tiempo devocional bíblico personal diario y que llegue a ser tu estilo de vida; una realidad en ti. Sin ser una actividad más pero sí, a que alcances habitualmente una vida devocional como prioridad en tus días para fortalecer y madurar tu dependencia a Dios.

Con lo anterior, he justificado ya cada una de las partes de la definición que te he presentado. Obsérvala y analízala una vez mas. Estoy seguro que la encontraras más entendible y objetiva. Por tanto, con tu devocional diario, piensa y pon tu mirada en que debes llegar a establecer una vida devocional en dependencia y obediencia a Dios. Para esto, Dios mismo ya nos ha dado las armas y recursos para afrontar el cada día con respuestas e instrucciones claras y perfectas, fundamentalmente es su Palabra y su Espíritu Santo y a través de tus tiempos devocionales.

Y por último, un devocional diario es un argumento de donde aprendemos a vivir de acuerdo al orden establecido por Dios y sus principios. Entendiendo que Jesucristo ya nos ha redimido y somos salvos y por tanto libres para obedecerle y servirle; alabarle y exaltarle. Y este es mi punto específicamente, que nuestro problema es el creer que podemos vivir de la misma forma y con los mismos principios y conocimiento de nuestra pasada persona. Y queremos servir a Dios de la misma forma, ignorando que Él mismo nos ha dado respuesta a cada y todo aspecto de nuestras vidas Para que ahora le sirvamos como Él mismo nos indica..

Y precisamente eso es lo que promete una vida devocional, el recibir de la misma Palabra de Dios la instrucción para ser renovada nuestra mente depravada y caída condición. Y conocer y aprender en cada día devocional a ir y aplicar cada instrucción que tu Señor te ha indicado para glorificarle en cada día de tu vida y en toda área y etapa de tu existencia.

Pues bien, hasta aquí ya hemos respondido varios puntos fundamentales y básicos para saber vivir y para permanecer en una vida devocional.

Hemos mencionado qué es un devocional de acuerdo a diferentes diccionarios.

Hemos definido qué es un devocional bíblico con el objetivo de darnos un punto de partida, pretendiendo que de inicio y unifique nuestro criterio.

Hemos reconocido que La Biblia es el fundamento de nuestros devocionales bíblicos.

Hemos respondido a las indispensables preguntas en qué consiste y de qué trata, qué esperamos que suceda en cada devocional bíblico.

Ahora, pasemos a las herramientas y preparativos de un tiempo devocional bíblico personal diario y que te anticipo, no es un tema sin importancia porque si un principio he aprendido en mi propia vida, es que las pequeñas cosas, construyen las que pueden llegar a ser enormes. Y las consideradas "sin importancia", logran deshacer o empeorar situaciones por no darles su debida importancia.

Permíteme recordarte la enseñanza de nuestro Señor Jesucristo al mostrarnos la semilla de mostaza que es pequeña pero puede llegar a ser un gran y frondoso árbol. Y por otro lado, la pequeña hormiga pero que logra construir enormes y organizadas ciudades.

Pues en el próximo capítulo encontraras las herramientas y aliados que están a nuestro alcance y que nos ayudan y facilitan o, por otro lado, pueden impedir y arruinar nuestros tiempos devocionales.

Solo considéralos y cuídalos y, verás que serán un recurso cada unos de ellos valiosos para ayudarte a través de tu vida devocional.

Capítulo 2

~

El devocional y tu preparación

Uno de los motivos por los que he vivido desánimo y frustración e incluso desenfoque en algún momento de mi vida, es porque no me he preparado para afrontar esos días o etapas y temporadas en la vida.

Y en nuestros devocionales, podemos afrontar también desánimos si no nos preparamos precisamente para lograr tener una vida devocional productiva y sostenible.

En el libro de los Proverbios capítulo cuatro se nos enseña que:

18. Mas la senda de los justos es como la luz de la aurora, Que va en aumento hasta que el día es perfecto. 19. El camino de los impíos es como la oscuridad; No saben en que tropiezan.

Así que el camino, la senda del justificado es como la luz de la aurora, que va en aumento y en progreso; conforme va transcurriendo el día hasta que llega a su momento cumbre;

lleno de luz de día. Entiendo con esto que, debe llevarnos una vida devocional a estar claros y entendidos dónde estamos y, qué hacemos allí y con qué propósito. Hay respuestas y vivimos entendidos y por tanto no nos llegan de sorpresa acontecimientos y circunstancias pues, Dios en su soberanía y siendo Omnisciente nos prepara y capacita con lo necesario para afrontar cada situación y circunstancia cada día.

No así el que es impío que vive en oscuridad. Entendiendo que un impío es aquel que como estilo de vida no toma en cuenta a Dios; no le interesa. Es hostil e indiferente a conocer y obedecer la voluntad de Dios.

Y la Escritura nos describe cómo son sus días; oscuros. Es decir, no saben en qué tropiezan, ni qué afrontan, ni por qué razón. Desconocen las causas, consecuencias y motivos y, generalmente acusan a todos a su alrededor e incluso a Dios por sus tipos de vida.

En nuestra vida devocional, ya les decía, podemos afrontar desánimos y tropiezos si no nos preparamos precisamente para lograr en cada deocional, un tiempo productivo y consiguiendo vivir el propósito de cada día devocional. Y como lo describe el proverbio, nuestros tiempos devocionales nos deben dar el avance y progreso como la luz de la aurora que vá en aumento. Es decir, el proceso de lograr una vida devocional llena de fruto.

Por tanto, esta preparación requiere de nosotros la obediencia diaria; la disciplina y enfoque consciente; y con esta obediencia, la actitud y determinación de proteger no solo este tiempo que se supone prioritario en nuestras vidas. Está claro que si tu no vienes a los pies de tu Señor Jesucristo con la actitud consciente cada mañana y entendida de lo que es un tiempo devocional y qué hacemos allí y qué debería estar sucediendo durante y, que al salir de nuestro aposento logremos tener bien claro que hacer. Si no conocemos estas respuestas conscientemente, saldremos de un devocional solo como una actividad más del día y sin el propósito que se espera de una vida devocional. Y vendrás a la inconsistencia y con el desánimo que le sigue como evidencia porque no hay cambios.

Este principio de la previa preparación que abarca este segundo capítulo lo encontramos en La Biblia. Y de aquí que te lo comparto para que lo reconozcas y aprendas para aplicarlo en tu vida devocional.

Acompáñame al libro de Exodo 34.

2. Prepárate, pues, para mañana y sube de mañana al monte de Sinaí, y preséntate ante mí sobre la cumbre del monte. (RVR 1960)

Considero que aquí encontramos con la pura observación importantes y muy valiosos puntos que nos instruyen. ¿Estas de acuerdo?

Primero, la actitud requerida cuando Dios nos ordena a hacer algo. La Obediencia a Él. Dios le dice a Moises y se lo dice un día antes, (¿notaste eso?) prepárate, pues, para mañana. Con esto Moises determina el querer obedecer en todo a Dios y por tanto, arregla y prepara todo lo necesario para subir mañana por la mañana. O sea, lo primero para Moisés mañana por la mañana es venir y subir ante Dios. ¿Te das cuenta?

Prepárate tú, para mañana. Arregla, modifica y ordena; organiza lo que tengas que ajustar en tu agenda y actividades desde hoy mismo. Dios mismo se lo advirtió un día antes a Moisés como a tí mismo ahora mismo. Prepárate para mañana. Haz lo necesario para venir de mañana, lo primero en prioridad en tu día para escuchar a tu Señor Jesucristo a través de su Palabra Escrita. Porque con nuestra actitud determinamos nuestras prioridades.

Segundo, considero que la actitud de Moisés es obedecer y en hacer conforme Dios le ordenó. -Ven por la mañana Moisés- ¿a dónde? al monte Sinaí. Y además en la cumbre. O sea, la parte mas alta del monte Sinaí que según algunos datos se nos enseña que su altura es de 2, 285 Km. Y que se toma en llegar a su cumbre al rededor de cuatro horas. ¿Nada fácil, verdad? Y consideremos la edad avanzada de Moisés. Sin embargo, así se lo indicó Dios a Moisés y, Moisés obedeció. Esta misma actitud de obedecer y de acuerdo a lo instruido por Dios, es lo que debe determinar en nosotros la preparación.

Seamos diligentes a la instrucción y modelo que se nos enseña a través del hermano Moisés.

A continuación, te presento los tres elementos que nos permiten prepararnos para cada mañana y vivir conscientemente, y para que obedientemente vengamos ante nuestro Redentor Jesucristo en nuestros tiempos devocionales. ¿Listas y listos?

Elemento 1 en nuestra preparación.
ACTITUD en disponibilidad y disposición.

La palabra Actitud significa estar dispuesto básicamente; y nos marca ademas, un estado de ánimo también. Pero, esta actitud no solo está determinada, limitada y condicionada por nuestro estado de ánimo; además está complementada por nuestra disponibilidad. Y la disponibilidad se rige y determina básicamente por el tiempo; en este caso nuestro tiempo. Pues podremos estar con una gran y muy sincera disposición pero si no determinamos y rendimos la disponibilidad de tiempo, correremos el riesgo de que nosotros mismos seamos obstáculo y caeremos en desánimo e inconsistencia.

Moisés nos muestra esta actitud al ordenar todo lo necesario y planear, administrar ajustar lo necesario (disposición) para poder obedecer a Dios y estar disponible al día siguiente. Y te recuerdo que Moisés estaba al mando del pueblo de Dios. Y que algunos datos nos indican que estos que caminaban en el éxodo, era un pueblo numeroso; de entre uno y dos millones de personas que caminaban hacia la tierra prometida. O sea, Moisés era un hombre muy ocupado y con muchas cargas y responsabilidades. Su agenda estaba realmente muy ajustada. Por lo que el modelo que veo en este pasaje de Éxodo, me enseña la importancia de mi previa preparación.

A lo que busco llegar es que en cada tiempo devocional debemos determinar con disposición, el querer hacerlo y con la disponibilidad del tiempo que se necesite; es decir, ACTITUD. Y esta es precisamente la actitud de venir obedientemente a oír La Palabra de Dios Escrita, con un corazón rendido y dispuesto a obedecer a nuestro Redentor por quien es Él y no como erróneamente, muchos se acercan para buscar y recibir el favor, o petición. Al venir a nuestro devocional buscamos recibir el conocimiento de Dios para saber obedecerle.

Sin esta actitud, es decir sin la disposición y disponibilidad, no recibiremos la instrucción ni la corrección; la capacitación y dirección. El conocimiento de la voluntad de Dios para alcanzar la madurez y preparación para toda buena obra. (2Timoteo 3;15-17) que nos es necesaria para vivir de acuerdo a lo que Dios nos haga aptos y hacer su obra.

La buena o, mala noticia es que esta ACTITUD depende de ti. Pues, está en ti la disposición de querer hacer tus devocionales bíblicos diarios y, en la disponibilidad que depende de ti en preparar y cuidar de este tiempo dedicado a estar enfocado totalmente a escuchar a tu Señor a través de su Palabra Escrita. Está en ti la ACTITUD de cuidar y proteger y priorizar; guardar cada mañana para que tú vengas como Moisés obedientemente y cerrada la puerta de tu aposento estes con tu Señor y no haya interrupciones de gente, llamadas ni actividades, ni de algún otro intruso.

Por esto es una ACTITUD. Pues, preparamos como Moisés desde una tarde o, noche antes y marcamos nuestras prioridades y, ajustamos con disposición y disponibilidad. Así que te animo a que obedientemente dispongas tu corazón, en venir delante de tu Creador con la ACTITUD correcta. Y que sin esta ACTITUD, indudablemente no recibirás la instrucción ni la corrección, ni la capacitación de parte de Dios y, seguirás viviendo en el desánimo, inconsistencia y desenfoque. Y apartado de la voluntad de Dios.

¿Por qué? Porque tu corazón no está en la determinación que se requiere. Ya que siempre habrá pendientes que atender, distracciones, gente que requiere de tu atención y tiempo, en fín. Y si tú no eres determinante en tus prioridades, siempre habrá algo más y antes de lo que debería ser tu prioridad. Cristo.

Así que determina tú; y con la ACTITUD necesaria en venir delante de tu Redentor. Tal cual aprendemos de Moisés en Éxodo viviendo en la convicción de que nuestros días avancen hasta su plenitud y recuerda que esta ACTITUD, depende de ti. Pues tú eres quien determina tus prioridades, tu tiempo, tus actividades, tiempo invertido en cada actividad y, porque tu eres quien le da la importancia al establecer tu tiempo y agenda. En pocas palabras, tú eres quien responde con tu corazón quién es Jesucristo y por lo tanto, reaccionas obedientemente y activas y aplicas esta ACTITUD en cada uno de tus días.

Elemento 2 en nuestra preparación.
DETERMINA TU APOSENTO.

Una de las características que llaman mi atención de un APOSENTO en la Biblia es que le caracteriza por estar en un segundo o, tercer nivel de una casa habitación. Es decir, está en la parte alta de una casa. Y que figurativamente nos lleva a la parte alta de un hogar donde está mas cerca del cielo y apartado de la tierra. Pero sobre todo porque, al estar en lo más alto posible y apartado de el área de recepción de la casa, esta estancia, le aleja de la zona de la casa donde pudiera haber mucho movimiento; y ésto nos dá el segundo atributo de un APOSENTO y es la privacidad y estar apartados.

Así mismo lo encuentro y observo en el pasaje de Éxodo 34 donde Moisés recibió la orden de Dios en venir a la parte más alta del Monte Sinaí. Yo me pregunto, ¿Por qué no allí mismo en la habitación de Moisés y a orilla de su cama? e incluso, ¿Por qué no a mitad del Sinaí?

Pues, yo creo que por el mismo principio que nos arroja la observación en este pasaje y que nos ayuda a identificar qué es un APOSENTO. Un lugar de encuentro y alejado de algún intruso y de cualquier distracción y en la parte más alta para estar apartados y a solas con Dios. Con esto no quiero decir que solamente podemos encontrarnos con Dios en la parte alta de algún monte cerca de nuestra casa. Ni tampoco que un APOSENTO lo establezcas solamente en la parte mas alta de tu casa. No. Pero sí quiero resaltar las características que observo aquí. El silencio, la privacidad y el aislamiento.

Así que, dispón, determina tú un APOSENTO; un lugar idóneo y apartado en tu casa. Un lugar en el que tú mismo determines y asignes. Con la privacidad y el silencio necesario para estar a solas con Jesucristo y no seas distraído. Considera que este lugar debe ser idóneo porque es donde no eres interrumpido y molestado en el estar recibiendo La Palabra de Vida; tu Pan diario; tu instrucción oportuna y personal. y ante este indispensable lugar para ti, tu no permitirías ser interrumpido y perturbado ante tan importante tiempo, ¿o, si?... ¿Ves porque la importancia de tú

ACTITUD? y de tú cuidado.

Entendiendo que a este valiosos tiempo le debemos de cuidar del entorno y los celulares, televisión, radio, gente y cualquier distractor; Jesucristo mismo nos modeló en su Palabra que Él mismo se apartaba de todos y de todo pendiente para atender sus tiempos en privado con Su Padre Celestial y dandole la importancia que estoy tratando de traerte aquí. En el evangelio de Mateo, Jesús mismo nos instruye a ir y cerrar la puerta y permaneciendo en privado con nuestro Señor. (Mateo 6:6)

Seguramente tu puedes establecer un APOSENTO ideal en tu casa.

Elemento 3 en nuestra preparación.
DETERMINA UN TIEMPO IDEAL.

Este tiempo ideal debe ser asignado y de acuerdo a tus actividades y responsabilidades. Te recuerdo que nuestro actitud está compuesta tanto por la disposición como de nuestra disponibilidad. Esto significa que no solo tu determinas con tu disponibilidad el querer pasar tiempo ante Dios, sino que además tú determinas un horario idóneo y de acuerdo a tus ocupaciones y responsabilidades para ser consistente y durante el tiempo en que tu sabes que no serás perturbado y que puedes protegerlo y respetarlo. Determina un tiempo en el que tú puedas venir con disposición y disponibilidad, estableciendo un horario idóneo en tu APOSENTO.

Insisto en recordarte lo que Dios mismo le indicó a Moisés. Vé y prepárate para mañana por la mañana. Si tú no puedes y no tienes el control de preparar y determinar mínimo de 30' minutos de tus mañanas, creo que estás muy alejado de lo que es vivir.

Entendiendo que este tiempo de tu devocional bíblico personal diario debería ser tu prioridad en tu agenda diaria, y con la ACTITUD correcta y en el lugar idóneo (APOSENTO) en el tiempo ideal.

¿Recuerdas el horario que le estableció Dios a Moises en la cita de Éxodo?... Prepararte para mañana por la mañana para presentarte ante tu Dios. Así que es por la mañana. Y por ésto mismo mencionado y en tantos y tantos pasajes de La Biblia donde nos muestran que Dios mandaba a sus redimidos a ir y hacer de mañana diversas tareas y funciones. En otros pasajes nos enseñan que de mañana nos acerquemos a Él porque manifiestan y marcan una prioridad en nuestras actividades de cada día porque Jesucristo debería ser nuestra prioridad. En el libro de los Salmos encontramos mucho este principio y que tu seguramente recordarás muchos de estos versículos pero, yo te traigo aquí el del capítulo cinco.

3. Oh Jehová, de mañana oirás mi voz; De mañana me presentaré delante de tí, y esperaré. (RVR 1960)

Y es que entiendo que por las mañanas atendemos primeramente lo que nos es más importante. Además de que estamos frescos y descansados y, aún no estamos inmersos en las ocupaciones y responsabilidades y por tanto las distracciones cotidianas.

En Isaias capítulo cincuenta nos muestra que:

4. Jehová El Señor me dio lengua de sabios, para saber hablar palabras al cansado; despertará mañana tras mañana, despertará mi oído para que oiga como los sabios.(RVR 1960)

5. Jehová El Señor me abrió el oído, y yo no fui rebelde, ni me volví atrás. (RVR 1960)

Y si por alguna razón no puedes asignar tus tiempos devocionales por las mañanas, te sugiero que tu asignes un horario que en lo posible sea estable y que permanezcas en términos diarios.

Alguna vez, me preguntaban por qué nuestra disponibilidad es parte de nuestra ACTITUD. Y la respuesta es porque está en cada uno de nosotros el decidir bloquear y proteger; así como asignar y acomodar nuestras actividades y horarios. Organizando nuestra vida alrededor de una vida devocional a Dios. Si tu no determinas y preparas con ACTITUD este horario para tus devocionales, y crees que lo vas a hacer en "algún momento de tu día", créeme que lo más probable es que, no lo vas a hacer una vez más y pases otro día estando incompleto y sin respuestas, sin dirección ni, la corrección que necesitas con y de la Palabra de vida; y estarás de acuerdo conmigo que te estarás desanimando al pasar de los días y cambiarás de método en método viviendo erróneamente que el problema se trata del método en el que basas tus "devocionales". Pero no podrás ver y reconocer que el problema está en ti y, en no prepararte conscientemente con la ACTITUD (disposición y disponibilidad) Y en no asignar y cuidar un APOSENTO; asignando un tiempo ideal y cuidándolo, protegiéndolo de otras actividades que si tu no tienes claras tus prioridades, esas otras actividades estarán retomando el lugar de prioridad que le corresponde en tu día a tu Señor Jesucristo a través de tu tiempo devocional bíblico personal.

Así que nuevamente te animo a que determines tú un tiempo y de preferencia por las mañanas. Recuerda que el primer ingrediente y que a tí te corresponde aplicar, es tu ACTITUD y con esta ACTITUD, tu determinarás tu disposición y disponibilidad. Tu determinarás tu APOSENTO y tu determinarás tu HORARIO IDEAL.

"Levantándose muy de mañana, siendo aún muy oscuro, salió y se fue a un lugar desierto, y allí oraba." Marcos 1:35 (RVR 1960)

Esto mismo es lo que nuestro Señor Jesucristo hacía y que nos ha modelado con el propósito de hacer lo que Él hace. Esto mismo es un rasgo de un discípulo, ¿cierto? Por tanto querida amiga y amigo, el punto principal para prepararnos a una vida devocional es ACTITUD, ACTITUD y ACTITUD.

ACTITUD obediente en que tú asignes tus prioridades y por tanto tus tiempos devocionales bíblicos.

ACTITUD obediente en tú disposición y disponibilidad.

ACTITUD obediente en asignar tú APOSENTO o lugar idóneo; un lugar de aislamiento como el mencionado por Marcos y en el que tú determines entendidamente el cerrar la puerta a todos y a todo durante este tiempo a los pies de tu Señor para escucharle hablar con su Palabra de instrucción.

ACTITUD en que tú determines tu HORARIO IDEAL y que lo hagas respetar ante los demás pero siendo tú el primero en respetarlo, cuidarlo y mantenerlo.

Ahora entiendo más la orden imperativa del Señor a Josué en indicarle que -"te mando a que te esfuerces y seas valiente-…" ¡Claro, esta es la ACTITUD¡ El esfuerzo enfocado en Dios que permanece cada día y se desarrolla por el diario obedecer y, la valentía de proteger y contra muchos factores y en saberse seguro de quién te lo ordenó y para qué. Siendo determinante ante las adversidades que buscan distraerte y desanimarte; buscan eliminar tu comunión con tu Señor. ¿Lo permitirás?

Por tanto, esta ACTITUD es lo que nos llevará como al hermano Moisés a previamente prepararnos con la disposición y disponibilidad entendida y determinada, a vivir en el gozo que viene también de Dios en cada día devocional; para ir fortaleciendo una vida devocional. No lo olvides.

Capítulo 3

~

Tu Devocional y sus herramientas

¿Qué tan fuerte puede llegar a ser algo débil?... ¿Y qué tan grande puede llegar a ser algo pequeño?

Yo encuentro respuesta y de acuerdo a las ilustraciones que encontramos en la misma Biblia; la semilla de mostaza, semilla de las más pequeñas y que puede llegar a ser la mayor de las hortalizas echando grandes ramas, de tal manera que las aves del cielo pueden habitar en este frondoso árbol. Pero, inició siendo la más pequeña.

O aquella referencia en el proverbio acerca de una hormiga que aún siendo tan pequeña pero logra construir ciudades donde ellas habitan y de manera tan extraordinaria y ordenada y, que siendo muy perseverante, se preparan para el invierno. La diligencia le caracteriza a este pequeño insecto.

Y qué tal la nube pequeña que cabía en la palma de una mano pero que fue creciendo a tal tamaño que oscureció el cielo y ocasionando una fuerte lluvia tal cual no se había visto en ese lugar de acuerdo al acontecimiento que nos narra Elías.

Así precisamente pueden llegar a ser una pluma o, un insignificante marcador. Que sin vida ambos pero, que han logrado interrumpir y eliminar muchos valiosos tiempos devocionales por no estar allí y listos para hacer su función. ¿Por qué? Pues porque solo recuerda como te ha pasado como a mí, que ya estás en tu aposento y habiendo preparado todo y te has despertado, alistado y ya estando en tu tiempo devocional, no está tu Biblia o tu note-book o cuaderno, ni tus marcadores ni, tus plumas. ¿Me entiendes? Algo tan insignificante y pequeño puede lograr dañar el momento más importante de tu día. "Esas pequeñas cosas" pueden llegar a ser tan grandes e importantes como para detener y pausar las instrucciones que necesitabas. Habías estado orando por algo y al momento de estar en tu lectura y reflexión, no hay pluma para anotar y no hay marcadores para resaltar; ni dónde anotar para recordar.

Así que, considera seriamente el tener previamente y listas tus herramientas en tu aposento para que no sean un obstáculo pero si, una herramienta a tu favor. Considero que esto es parte también de la actitud que necesitamos en cuidar nuestro entorno, nuestro tiempo y las herramientas. ¿Estas de acuerdo conmigo?

A continuación te presento las herramientas para tus tiempos devocionales bíblicos diarios:

- Tu Biblia
- Tu Note-book o Libreta
- Tus Marcadores
- Tus Plumas

El énfasis de este capítulo es el de asignar pero también el de considerar y que con determinación cuidemos y tengamos la actitud que nos llevará conforme la consistencia diaria como la hormiguita, a construir con diligencia ese habito que al cuidar teniendo nuestras herramientas y que se pudieran considerar tan pequeñas e insignificantes, lleguen como la pequeña nube a crear esa lluvia que como la nieve que desciende del cielo que hace germinar y producir nuestras vidas en obediencia y glorifique a nuestro Redentor Jesucristo en todo lo que El mismo nos haga aptos. Así es La Palabra de Dios.

Así que te he presentado las herramientas que debemos tener y cuidar listas para no causar distracción y perturben nuestros tiempos devocionales.

Hablemos algunos puntos que considero necesario mencionarte de acuerdo a mi experiencia en mi vida devocional.

Tu Biblia.

Al ser un Devocional Bíblico, debe ser La Biblia obviamente nuestro recurso principal e indispensable. Creo que si no hacemos nuestros devocionales con La Biblia y acerca del tema central de lo que habla La Biblia pues, no es un devocional bíblico. Créo que esto es muy obvio y claro, ¿verdad? lo menciono porque me ha tocado ver libros que se titulan "devocionales" y traen en su contenido frases y citas de filósofos, pensamientos y reflexiones de poetas y escritores que no han sido justificados por Jesucristo . Y que sin duda pueden ser interesantes y aplicables y muy populares sus reflexiones, pero no tienen su origen en La Palabra de Dios y por tanto no es un devocional bíblico. Por tanto, en mi opinión, ¿porque tendría que ir neciamente a comer "la comida chatarra" a lugar insalubre; cuando mi Padre Celestial me tiene el mejor de los alimentos y en su mesa? Y la que realmente me alimenta. Pues Él Es mi creador, mi sustentador y Redentor.

Por otro lado te quiero sugerir que te consigas en lo posible una Biblia exclusivamente para tus tiempos devocionales. Mi sugerencia es porque necesitaras subrayar, marcar y anotar sobre tu Biblia. Vas a marcar algunas palabras y frases y, si en tu Biblia habitual ya tienes algunas anotaciones y versículos subrayados y marcados con diversos colores, pues te vas a confundir con el tiempo pues estas escribiendo sobre lo escrito. Y yá tenías algunas referencias allí. Si de por sí, muchas de nuestras biblias no tienen espacios para escribir y el tamaño de las letras es muy reducido. ¿verdad que sí? Lo que quiero decirte es que te vas a confundir. Y te podría suceder lo mismo que te he tratado de prevenir con el no tener tus herramientas a tu alcance y listas. Pero, aquí te confundirás y mi intención no solo con este capitulo pero en todo este libro es el de presentarte y prevenirte de lo necesario y en base a mi experiencia para que fortalezcas tu vida devocional. Así que, si te es posible, consigue una Biblia específicamente para tus tiempos devocionales bíblicos diarios.

Tu Note-book o Libreta.

Esta herramienta para muchos es un "hallazgo"; un fiel y confidente que no se le ha dado el lugar y que yo mismo no había apreciado hasta hace no mucho tiempo. Yo mismo no había comprendido que esta herramienta es indispensable para mis tiempos devocionales. Definitivamente ahora me acompaña cada mañana y escribo lo que mas tarde te enseñaré pero, por ahora quiero compartirte la importancia de lo que es escribir en tu Note-book o libreta, lo que El Señor mismo quiere tratar en tu corazón para recordártelo días mas tarde y, así mismo consideres varios aspectos que debes obedecer y corregir en tu vida.

Jehová dijo a Moisés: *Escribe esto para memoria en un libro, (Éxodo 17:14) (RVR-1960)* Es decir para recordarlo. A Josué, Dios mismo le mandó a *nunca apartar su boca de éste libro de la ley en el cual debería de meditar en él y acerca de el de día y de noche y con el objetivo de obedecer todo lo escrito en ese Libro. (Josué 1:8) (RVR-1960)* Es decir, alguien escribió ese libro para ser recordado y para ser meditado para obedecer lo que en el está escrito. Y lo que quiero resaltar aquí es que lo que tu escribas en tu libreta o Note-book por supuesto que no busca sustituir en lo absoluto a La Biblia. No. Jamás. Pero si quiero mencionar el atributo de lo que es escribir lo que Dios te indique para ser recordado para tu propia vida y meditar en lo que se te ha mandado a conocer, y/o arrepentirte y/o corregir y/o estar siendo instruido. Y que al estar en tu Note-book o Libreta, tú al momento de estar escribiendo, se quede para tu propio registro y puedas recordarlo para ir y obedecer lo que se te ordeno por parte de Jesucristo mismo a través de Su Palabra.

A Jeremías, Dios le ordeno tomar un rollo de libro, y escribir en él todas las palabras que Dios le había hablado; desde los días que Dios le comenzó a hablar. Desde los días de Josías hasta ese día. (Jeremías 36:2) (RVR 1960)

Es decir, el hecho de escribir todo lo que Dios le indique es para ser registrado para recordar y conocer, meditar para ocasionar acción en nosotros obedeciendo conscientemente y puntualmente lo indicado por Dios en nuestras vidas.

Ya que te he compartido en esencia la importancia de esta herramienta y su función, debes escribir en tu note-book y en cada uno de tus tiempos devocionales:

- El libro y cita bíblica.

- Fecha de tu devocional

- Las palabras, frases o versículos que has subrayado.

- Tus reflexiones o, lo que te ha mandado tu Señor a ir y obedecer. O, en lo que has sido corregido o bien, instruido.

Te recuerdo que en un capítulo mas adelante te explicaré acerca de este proceso de cómo hacer un devocional bíblico personal diario. Además, te animo a que visites nuestro canal en YouTube para que a través del video aprendas desde la parte práctica a cómo hacer tus devocionales bíblicos diarios.

Por lo pronto, consigue una libreta o, Note-book o si te es más cómodo, al final de éste libro, encontraras la sección donde están los links de hojas a imprimir donde ya hay un formato listo y con los espacios a ser llenados por ti, en cada día devocional.

Tus Marcadores.

Ya sea de un solo color o de varios colores. De cera o carbón, gel o, tinta; no importa y te lo comento porque algunas personas me han enseñado sus apuntes y utilizan de una manera tan organizada y creativa sus apuntes, que me han dejado una muy agradable impresión de seriedad en su vida devocional. Usan un color específico para subrayar temas del perdón, otro tono para las correcciones que deben hacer, otro para indicarles arrepentimiento, en fin. Han llegado a marcar "rutas por temas personales" gracias a los diferentes colores y que al establecerles su condición, al momento de que esa persona abre su Biblia, puede reconocer y recordar tantos y tantos acontecimientos de gracia en esa persona. Tantas y tantas evidencias de misericordia. Y las palabras "testigas" que te recuerdan y no olvidan lo que se te ha mandado a hacer y, que no has cumplido y que por tal razón, aún hay consecuencia en tu forma de vivir. Y que con amor y paciencia tu Redentor Jesucristo te ha hablado y te ha llevado a mostrarte con su determinación y soberanía y deidad a ser paciente, hasta ver tu obediencia para que compruebes que al obedecer que Su voluntad es buena, es agradable y es perfecta.

Mi propia madre es un ejemplo y modelo de esto que les escribo. Ella apunta sus reflexiones y meditaciones, lo que le ha confesado a su Señor y Salvador. Los versículos con que la ha confortado o bien, confrontado. Aún ella tiene en su registro tanto en sus notas como en su mente los versículos con los que literalmente Dios le habló a su corazón para concederle arrepentimiento desde aquel día de su obediente rendición de su vida a Cristo al confesarle como su Salvador y rendirle obedientemente su corazón y vida para ahora vivir para El y por Jesucristo por siempre.

Así que considera tener lista esta herramienta en un solo tono o, en la diversidad de colores par resaltar la palabras, frases versículos que tú subrayes en tu Biblia.

Tus Plumas.

Parecería un tanto infantil e incluso absurdo para algunos el incluir en la lista de herramientas una pluma. Pero permíteme justificar esta herramienta. Me ha pasado que estoy ya en plena lectura y no tengo mi pluma o, se le acaba la tinta. Y mi reflexión y apunte a lo que El Espíritu Santo con su Palabra trataba conmigo en alguna área y que por causa de una insignificante pluma, se vio fracturada e interrumpido, el tiempo más valioso e importante de mi día. Con esta mi justificación busco ayudarte y evitarte situaciones que no necesitas pasar.

¡Muy bien! Teóricamente ya estamos listos y equipados con las herramientas.

Tu Biblia, Tu Note-book o Libreta, Tus marcadores y Tus plumas. Esta es la lista indispensable de tus herramientas para conseguir y obtener el tiempo más productivo posible en tu devocional bíblico personal diario.

Y más que una sugerencia, te prevengo en tomar enserio el no tomar en poco y dejar fuera alguna de las herramientas de esta lista y, sobre todo el tener contigo y lista estas herramientas antes de dar inicio a tu devocional. Recuerda lo aprendido con Moisés, "prepárate para mañana"; prepárate con tus herramientas antes. Esto es parte de tu actitud y determinación que hemos hablado en el capítulo anterior; en cuidar tanto tu tiempo como tu entorno y cualquier posible motivo de distracción. Tal es en éste caso, tus herramientas que al no tenerlas listas pudieran ocasionarte distracción y frustración.

En el próximo capítulo estaremos aprendiendo la parte práctica. conocerás el cómo hacer un devocional bíblico personal diario.

Así que, ¡Manos a la obra! Pero, antes te sugiero darte un descanso, prepárate tu bebida favorita. Un té o, café no vendría nada mal o qué te parece una malteada… ¡Creo que tengo hambre! Y es que yo soy "bocalista"… porque tengo siempre la boca-lista.

¿Nos vemos en el próximo capítulo?

Capítulo 4

~

¿Cómo hacer un Devocional Bíblico Personal diario?

Te doy la bienvenida a ésta capítulo y con la seguridad de que al estar leyendo hasta aquí, es que estas con toda la actitud y con el anhelo de aprender para hacer la voluntad de Dios a través de tus tiempos devocionales bíblicos personales.

Creo que uno de los puntos que son claros hasta aquí es el darnos cuenta que tus tiempos devocionales no son una simple actividad y sin sentido; enmascarados con la esencia de una actividad mas en nuestro día como cristianos. Cada tiempo devocional requiere de nuestra total atención, disponibilidad y disposición. Y esto es parte de nuestra actitud. Y con la certeza y convicción de que saliendo de tu aposento, sales lúcido y entendido; con respuestas y dirección.

Pues muy bien, pasemos a la parte práctica, al proceso; a la acción.

Te anticipo que este proceso, te ayudará a fortalecer tu comunión con Jesucristo; tu vida de dependencia a Dios. Créeme que tus pruebas y dificultades de cada día, las vivirás y confrontarás de manera muy diferente.

"Mas el que me oyere, habitará confiadamente y vivirá tranquilo, sin temos del mal" Proverbios 1:33 (RVR 1960)

Puntos que te corresponden a ti elegir.

Algunos puntos necesarios que necesitas tú realizar, antes de dar inicio a la parte práctica de tus devocionales diarios son:

- Tú determinas y eliges 1 de los 66 libros de La Biblia para dar inicio a tu vida devocional. Te sugiero dedicar el tiempo necesario en oración para recibir del Señor mismo las razones con cuál libro iniciaras tus tiempos devocionales. Acércate a tu pastor y pregúntale por ayuda para que te oriente con el propósito de cada libro de La Biblia. O bien, te recomiendo veas los videos que hemos preparado y que están listos para ti en nuestro canal en YouTube y que, precisamente tienen el objetivo de ayudarte a que conozcas de una manera muy general el propósito de cada libro de La Biblia para ayudarte a que decidas con conocimiento con cuál libro iniciar o, seguir tu vida devocional. Visita el "Play List" de nuestro canal en YouTube con el título "Herramientas y Recursos para tu devocional bíblico personal"

- No te recomiendo en lo absoluto que saltes de libro a libro; ni de capítulos sin terminarlos. Da inicio desde el capítulo 1 versículo 1 y avanza cada día devocional hasta, acabar el capitulo, y libro. Te aseguro que disfrutarás de los beneficios del verso a verso en tus tiempos devocionales. Recuerda que toda La Escritura es inspirada por Dios y que, toda nos es útil. No debemos apartarnos de toda ella ni a diestra ni siniestra para meditar en toda La Biblia. No hay versículo sin fruto ni capítulo sin propósito. Nada sobra en La Biblia y, todo nos es necesario. Lo que quiero puntualizar es que no te saltes capítulos ni versículos porque debes considerar que serás en algún momento confrontado con toda La Biblia.

- Espero que tengas tus herramientas listas y a tu alcance porque este capítulo es donde aprenderemos la parte práctica (y las estarás usando); el cómo hacer a partir de aquí, tus devocionales bíblicos personales y, diarios.

- Visita ya sea nuestra página web o bien, en nuestro canal de YouTube y dale play a los videos donde te he preparado una programación musical para no ser distraído durante tus tiempos devocionales. Escúchalas durante tus tiempos devociones cuantas veces quieras. Ponte tus audífonos y comprobarás mejores resultados al no ser distraído.

Pues bien, en los primeros capítulos hemos abarcado los temas que nos han ayudado a obtener fundamentos sólidos para crear una vida devocional. Y es en éste mismo propósito y esencia que debe estar nuestras mentes y corazón. El aprender y saber para mantener una vida devocional. Porque el que hoy aprendas a hacer un devocional bíblico, no es lo mas importante. El centro de este libro no pretende que el tema principal sea únicamente que aprendas a hacer un devocional. Esta parte práctica tiene un lugar decisivo en el proceso y, es muy importante porque entiendo que siendo la parte práctica, si no la hacemos bien y sin fundamento, resultaría como un "efecto domino"; y no recibiremos la retribución esperada que ya hemos resaltado en el capítulo uno. Por esto es que este capítulo es importante pero, no es el propósito principal de este libro. La meta, el objetivo final y lo que pretendo entregarte con este libro es el que tu inicies y permanezcas en tu vida devocional; en el madurar como siervo y discípulo de Jesucristo en tu vida de obediencia y dependencia a Dios y a Su Palabra Escrita y, claro haciendo un buen devocional desde su parte práctica cada día..

Existen muchos métodos en hacer devocionales. Muchos de ellos son muy creativos y atractivos pero lo que pretendo aquí con este capítulo es que la parte practica la sostengas y permanezcas dando progreso en cada día con el el conocimiento de lo que estas haciendo y para qué lo estas haciendo. Puntos claves que ya los conoces desde los primeros capítulos de este libro.

Iniciemos pues, al paso a paso de cómo hacer un Devocional Bíblico Personal diario.

Paso 1. Oración Inicial.

Nuestro devocional del día, lo iniciamos con oración. Esta oración debe ser enfocada en lo que esperamos obtener al salir de nuestro aposento.

Es una oración en la que rendimos nuestro corazón y disponemos nuestra mente y tiempo al Señor.

"En mi corazón he guardado tus dichos, para no pecar contra ti. Bendito tú, oh Eterno Dios; Enséñame tus estatutos".
Salmo 119:11-12 (RVR 1960)

Con estos versículos del libro de los salmos, podemos entender que esta oración inicial es un elemento esencial en la preparación de nuestro corazón; al venir abierto y dispuesto a oír La Palabra de Dios Escrita para guardar sus dichos, preceptos, órdenes, correcciones, doctrina y toda instrucción, para aprender a conocer a nuestro Redentor y con el objetivo de no pecar contra Él. Aquí le pedimos al Señor, como nos muestra este Salmo, a que seamos enseñados en Sus caminos. Por lo tanto le rendimos nuestra total atención dispuestos y disponibles.

Aquí damos gracias a Dios por este tiempo en que venimos entendidos para recibir su voluntad y por lo tanto rindiéndonos delante de Él. Nos sometemos en una completa atención y disposición.

Ademas, el libro que Nehemías e inspirado por Dios escribe y nos aporta una característica fundamental en esta nuestra oración inicial.

"Y Leían en el libro de la ley de Dios claramente, y ponían el sentido, de modo que entendiesen la lectura". Nehemías 8:8 (RVR 1960)

Es decir, oramos rindiendo nuestro sentido, para estar absolutamente conscientes; de tal manera que entendamos lo que estaremos leyendo, que comprendamos lo que se nos revela con respecto a nuestro corazón. Esto es lo que oramos en nuestra oración inicial.

Creo que no esta por demás aclarar que no es tiempo de oraciones de intercesión. Ni de ser parte de cadenas de oración en este momento, ni de orar por otras necesidades. Reconozcamos que este es el tiempo específico y, nada más, de nuestro devocional.

En el capítulo que dimos nuestra definición y respondimos algunos puntos acerca de qué esperamos de un tiempo devocional, recordarás que en la 2a. carta a Timoteo 3:16-17 aprendimos que nuestro tiempo devocional nos es útil para enseñarnos nuestra condición delante de Dios y, que nos sirve para que se nos conceda arrepentimiento y, para reconocer nuestra culpa y pecado con el objetivo de confesarlo para apartarnos. Y que nos sirve también para ser corregidos e instruidos. Entonces estos puntos importantes debemos incluirlos en esta nuestra oración inicial. Pidiendo seamos enseñados, redarguidos, corregidos e instruídos. Buscando verdaderamente como hijos redimidos devotos y obedientes a ser maduros y enteramente preparados para toda buena obra.

Buscamos al orar alinearnos a la perfecta voluntad de Dios. Por tanto, primero necesitamos conocer en qué debemos alinearnos y, aquí es donde le pedimos al Señor que nos muestre su voluntad a través de su Palabra Escrita. Rindiéndo a Él nuestra voluntad, oídos, corazón y mente; para ser alineados y ser obedientes.

Por tanto, debemos estar despiertos y conscientes; enterados de cada palabra que El Espíritu Santo nos está dirigiendo, enseñando toda verdad, redarguyéndonos y llevándonos a arrepentimiento conscientemente.

"Crea en mí, oh Dios, un corazón limpio, Y renueva un espíritu recto dentro de mí" Salmo 51:10 (RVR 1960)

Este pasaje encierra precisamente lo que buscamos en oración.

Jesucristo, créa en mí, oh Dios, un corazón limpio. Renueva mi espíritu. No permitas que salga de este aposento igual.-

Esta es la actitud entendida que buscamos desarrollar en nuestro corazón y que es reflejada en nuestra oración inicial. Con todos y cada uno de los puntos mencionados en lo que consiste este paso uno. Y que al mismo tiempo, te estoy ayudando en darte puntos para que los incluyas en tus oraciones iniciales en cada tiempo devocional.

Paso 2. Lectura de observación y subrayando.

Desde ahora mismo te sugiero no leer más de cinco versículos en cada tiempo deovcional. ¿Por qué? porque no podrás meditar y reflexionar en lo que Dios tiene con tu corazón si lees todo un capítulo. Es decir, no leas más de lo que puedas meditar durante el tiempo que tú tengas disponible.

Otra razón es porque como tu te has dado cuenta, hay capítulos que contienen más de un tema y hasta dos o tres temas distintos en su hermenéutica, en un mismo capítulo. Por tanto, es mucho mejor que en nuestro tiempo devocional nos enfoquemos en cada palabra, frase y uno, dos o, hasta tres versículos a la vez; para sumergirnos y entendidamente en el tema que Dios tiene con tu vida. Y esto se logra leyendo y observando detenidamente y subrayando.

La importancia de este paso dos, es saber que no se trata de leer y leer versículos y capítulos. No buscamos abarcar sino ser entendidos y enterados de nuestra propia condición. Recuerda que estamos en nuestro tiempo devocional y no en tu tiempo de lectura. La cual tiene diferentes objetivos que el de tu tiempo devocional.

En este segundo paso, nos enfocamos en una lectura observativa en cada palabra; conscientes en lo que La Palabra misma de Dios, te esta hablando a tu corazón, dándote los temas a tratar. Y por esto es que tu subrayas las palabras que te llaman la atención. Por el momento no inviertas mucho tiempo en averiguar porque estas subrayando algunas palabras; solo subraya lo que tu consideres y escríbe estas palabras subrayadas o, frases en tu Note-book o libreta.

Quiero recordarte que tú mismo has dispuesto este tiempo al Espíritu Santo y Él es quien te llevará a toda verdad. Y te revelará a Cristo, y te recordará todas las cosas… entonces confía; y tu subraya para que Él mismo y en el siguiente paso te muestre el porqué has subrayado ciertas palabras o frases, que te parecen irrelevantes (hasta ese momento quizá). Pero que a ti te es necesario conocer y ser tratado en tu corazón.

Por esto mismo es que tu lectura debe ser sin prisa, detenidamente y enfocada en cada una de las palabras que leas ya que Dios está empezando a hablar a tu corazón, resaltando a tus ojos ciertas palabras y frases. Estas palabras recuerda, subrayalas y anótalas en tu Note-book.

¿Qué es lo que sucede o, debería suceder durante tu lectura de observación y subrayando en tu corazón?

La segunda carta a los Corintios nos responde a esta precisa pregunta.

"Por tanto, nosotros todos, mirando a cara descubierta como en un espejo la gloria del Señor, somos transformados de gloria en gloria en la misma imagen como por el Espíritu del Señor." 2 Corintios 3:18 (RVR 1960)

Este pasaje nos deja saber que mientras nos exponemos a La Palabra de Dios leyéndola y observándola, y estemos leyendo detenidamente y sin prisas, estaremos siendo conscientes de nuestra condición pues estaremos mirando a cara descubierta, sin velos y tal cual un espejo delata o resalta lo que es y se ve de nosotros mismos; de nuestro corazón y condición.

Se nos estará concediendo y muy a tiempo nuestra verdadera condición del corazón y por tanto de nuestra mente delante de nuestro Salvador. Por tal razón y precisamente mientras estas leyendo detenidamente, subraya las palabras que eres dirigido a subrayarlas. Posiblemente aún no conoces los motivos del porque subrayar ciertas palabras pero lo sabrás en el siguiente paso.

O bien, quizá ya te estés dando cuenta desde que las lees porque, algunas de estas palabras te causan confrontación y, otras gozo, y otras agradecimiento; otras conocimiento en doctrina. Otras te estarán corrigiendo tus tradiciones, preceptos, principios; incluso tus actitudes y costumbres, tus metas y planes. Tu temperamento y por tanto tu personalidad… desde el mismo momento en que las estas leyendo. Y te traen situaciones de tu pasado que debes perdonar o, ir a pedir perdón o, salir después de tu tiempo devocional a cambiar algo que estas siendo ordenado a hacer.

Todas esas palabras que seas dirigido a subrayar y como lo vimos en el pasaje de corintios 3, son los temas a tratar durante tu tiempo devocional y que por tanto tu necesitas conocer y estar consciente de cada tema para confesar y corregir en tu mente, corazón y vida para, aplicar a partir de que salgas de tu aposento ese día.

Te das cuenta porqué un tiempo devocional bíblico personal diario no se trata de leer y leer sin observación. No se trata en cumplir con una cuota de lectura diaria.

Ni tampoco, en leer un libro de reflexiones bíblicas de alguien más y después tú, solo usar La Biblia para apoyar los pasajes sugeridos por el autor de esa reflexión.

Considero que con los puntos explicados podemos entender y diferenciar por tanto aún mas, porque es un devocional y bíblico y porque es personal y porque es diario.

Pero, el siguiente paso es el que dá esencia a este paso dos de leer observando y subrayando.

Paso 3. Meditar. Reflexionar en las palabras subrayadas

Ya que hemos invertido el tiempo necesario para tomar en cuenta cada palabra, frase o versículo que has subrayado y que, ya has escrito en tu note-book o, cuaderno.

En esta etapa de meditación y reflexión, es donde inicia esta transformación por La Palabra de Dios que te esta libertando o, confortando o, redarguyendo o, instruyendo o, bien, corrigiendo nuestras vidas y de acuerdo a la verdad que es, y que se nos confirma en Romanos 12:2. Nuestras mentes son transformadas y renovadas. Aquí en la meditación y reflexión de lo que te revela El Espíritu Santo es donde Él nos hace libres al hacernos conscientes de nuestra condición de pecado, de miedo del pasado, de dudas de nuestro futuro. Aquí es donde El Señor lleva Su Palabra de Vida de nuestra mente al corazón, dándonos la promesa de que si hemos oído y entendido durante este tiempo de reflexión y meditación, es para obedecer lo que La Palabra de Dios te ha mostrado en las áreas, correcciones e instrucciones que debes obedecer para que tu vida lleve fruto y produzca. Mateo 13:23.

Creo que no esta por demás resaltar que, aquí en la meditación y reflexión en las palabras que has subrayado es donde se marca quizá una de las principales diferencias entre un devocional bíblico y un estudio devocional. Pues, entre otros puntos, lo que produce la distinción entre estos dos recursos de comunión con Dios, es la pregunta que nos debemos hacer con cada una de las palabras que ya has subrayado y anotado en tu note-book o libreta y la preguntas es:

-¿Qué me quiere decir esta palabra/frase a mí vida. A mí corazón. A mí condición, carácter y temperamento; situación?-

Recuerda, esta pregunta se debe aplicar para cada una de las palabras y frases que ya has subrayado. Y tu reflexión, tu meditación debe estar basada únicamente en cada palabra subrayada; y que con cada una de estas palabras subrayadas, El Espíritu Santo te estará recordando personas, eventos, circunstancias… no lo sé cuántas situaciones y que por cada palabra que has subrayado pero que, son una situación diferente y particular. Un tema diferente en el que debes meditar y que indudablemente te ocasiona el que conozcas tu condición delante de Dios. Por tanto requiere de su tiempo. Y otras palabras o frases, te llevarán por que así El Espíritu Santo las dirige, a concederte arrepentimiento y otras, que tienen la intención de corregirte en diversas áreas de tu vida y de tu temperamento, personalidad, preceptos, costumbres, falsas doctrinas aprendidas, en tu vana manera de vivir, y en ciertas decisiones… en fin. Tantas y tantas condiciones en tu vida que Dios sí sabe y te trae del pasado para que seamos limpios y libres por la Palabra de Dios. Juan 15:3-5

Una importante advertencia que considero aquí y muy oportuna, es hacerte notar que la mayoría de las personas aquí meditan y reflexionan acerca de lo que La Palabra hizo y dijo a Moisés, a Jacob, a Pablo, Pedro, Juan… Y eso debe ser así, y está bien pero, eso es en un estudio bíblico. Aquí estamos en tu tiempo devocional personal. Aquí el objetivo es que tú seas confrontado por el mismo Espíritu Santo a través de lo que trato con Moisés, Isaac, David, Lucas… Por esta razón la pregunta es ¿Qué me quiere decir esta palabra/frase a mí vida. A mí corazón. A mí condición, temperamento y carácter? Señor, muéstrame ¿por qué me has llevado a subrayar esta palabra/ frase? ¿Qué quieres tratar con **mi** mente, **mi** corazón, **mi** vida? ¿Por qué traes estas personas, lugares, acontecimientos a **mi** mente?… Qué tienes conmigo Jesucristo?

Y no, qué paso con José o María Magdalena, Nicodemo… En un responsable estudio bíblico, es obligatorio hacernos la pregunta ¿Qué quiere decir esta palabra/ frase, versículo, capítulo? Y con toda la posible consulta del contexto y, recurrimos a diferentes herramientas para lograr conocer en lo más posible la respuesta con el propósito de tener argumentos bíblicos para poder entenderlo y para ser habilitados y poder explicarlo, enseñarlo. Pero eso es en un estudio bíblico; o en un estudio bíblico personal o, familiar. Pero, ahora estamos en tu tiempo devocional bíblico personal. Y te estoy dando a conocer una de las diferencias entre un estudio bíblico y, un devocional bíblico personal y, un tiempo de lectura personal.

Recuerda, y por el objetivo que buscamos lograr tanto en este capítulo como en el de este libro, ahora estamos aprendiendo cómo hacer un devocional bíblico personal y en este paso tres concretamente nos hacemos la pregunta ¿Qué me quiere decir ésta palabra/ frase a mí corazón, a mí vida, condición, etc…?

En un estudio bíblico, la lectura de observación también es una parte fundamental y primordial; y donde esta lectura de observación la intención es "inducirnos y llevarnos al significado literal" de lo que estamos leyendo y consultando en nuestras Biblias. Es decir, la lectura de observación nos debe llevar a responder la pregunta qué quiere decir el pasaje literalmente, en un estudio bíblico.

Pero en un devocional bíblico nos hacemos la pregunta ¿qué me quiere decir a mí…. esta palabra /frase? Y meditamos conforme a nuestras propias vidas.

En el proverbio del capítulo 4:20-23 nos enseña a enfocar esta pregunta.

"Hijo mío, está atento a mis palabras; inclina tu oído a mis razones. No se aparten de tus ojos; Guárdalas en medio de tu corazón; Porque son vida a los que las hallan, Y medicina a todo su cuerpo. Sobre toda cosa guardada, guarda tu corazón; Porque de él mana la vida" (RVR 1960)

Considero y espero que mi planteamiento y explicación de la diferencia que surge con la pregunta que te he planteado que hagas con cada palabra y frase y que has subrayado y escrito en tu note-book o cuaderno, te permita ver y distinguir que ahora sí estas inmerso en un tiempo devocional bíblico; y lo que más resalto por el momento, es que te des cuenta porqué razón es personal.

Con esto hasta aquí, te estoy cumpliendo con la promesa que leíste en la portada de este libro porque, hasta aquí estas aprendiendo a hacer tu propio devocional bíblico; y con fundamentos en La Escritura, llevándolos a la practica devocional.

Además, estamos entendiendo que es personal este tiempo, no solo porque estas en tu aposento a solas con tu Señor, sobre todo porque Dios trata contigo y en lo íntimo y en ti. Y porque mientras meditas y reflexionas, vas confesando tu pecado y se te va concediendo arrepentimiento. O bien, una de las palabras que has subrayado te ha llevado a alabar por el perdón recibido, por la provisión, por la protección, por la gracia recibida. En fin, tantas evidencias del amor y deidad de nuestro Redentor; tantas manifestaciones del poder y omnisciencia y que se nos permite conscientemente ser testigos y que aquí en nuestros tiempos devocionales se nos permite conocer de toda esta verdad. Dios ha sido fiel porque Él es Fiel. ¡Gloria a Dios!, ¿verdad?

Es importante apunar que este tiempo de meditación, es 100% enfocado y consciente; sobrio en tu mente y corazón con temas, episodios y acontecimientos de nuestras propias vidas donde siendo dirigidos por nuestro Señor, y con su Palabra nos es útil para darnos a conocer nuestra condición delante de Él, y nos redarguye de pecado y/o, nos corrige e instruye.

Y esto sucede en cada uno de nuestros tiempos devocionales bíblicos diarios.

"Bienaventurado el hombre que me escucha, Velando a mis puertas cada día, Aguardando a los postes de mis puertas". Proverbios 8:34 (RVR 1960)

Aquí, durante la meditación y reflexión en nuestros corazones es donde La Palabra de Dios nos hace libres. Ya que al haber confesión de pecado, a partir de ese mismo momento, ahora vivimos conscientes de ese cambio de pensamiento, de ese cambio de hábitos, de la transformación de vida y ahora, en la dirección y voluntad de Dios.

Por esto es que notaras que al ir meditando en lo que has subrayado, El Espíritu Santo te estará redarguyendo y la reacción es que tu reconozcas tu pecado y lo confieses en ése mismo momento a tu Señor, sabiendo que El Señor Jesucristo que es fiel y justo, te perdonará y limpiará de toda maldad. (1a. Carta de Juan 1:9)

O bien, quizá alguna de esas palabras que subrayaste y

escribiste, te corrige mientras meditas y reflexionas; ¡gloria a Dios! Dale gracias a Dios por esa corrección a tiempo y en amor; obedécele. Otras te instruirán; bien pues, ahora vive y obedece en lo que has sido instruido.

¿Te puedes dar cuenta porqué la lectura de observación y subrayando es tan importante ante esta etapa de meditación? Al subrayar ciertas y específicas palabras, estás marcando y sobresaltando los temas que tu Redentor Jesucristo está tratando contigo durante este proceso de meditación y reflexión.

Paso 4 Cerramos Orando.

Iniciamos orando y cerramos orando. Pero en esta nuestra oración final, es con el propósito de pedir que El Señor te ayude a obedecerle. Ahora estas enterado y consciente de lo que El Señor ha revelado de tu condición de vida. Y en esta oración final le pedimos a nuestro Dios que Es todo poderoso, a que Él nos ayude a que apliquemos lo que se te ha revelado a cambiar, a corregir y así alinearnos nosotros a la voluntad de Dios.

La diferencia con la oración inicial es que rendimos, entregamos nuestra mente y corazón en el principio. Dispusimos nuestra confianza y nuestro tiempo y atención conscientemente a nuestro Creador y Salvador Jesucristo. Entregándole el control a Él y abriendo nuestro corazón con el propósito de ser alineados a su voluntad, a su gobierno y autoridad.

Pues ahora en nuestra oración final, pedimos obedecer a la Palabra de Dios que se nos ha indicado a ir y hacer. Porque alinearnos a Dios, obedecer a Dios es sinónimo de confiar en Dios; es vivir en fe porque la fe en Dios es, aplicar, confiar y obedecer su Palabra.

En este cuarto paso, debemos tener claro qué debo hacer,

ante lo que Dios me ha indicado. Aquí estamos claros en lo que debemos hacer saliendo de nuestro aposento. Aquí pedimos por tanto por la valentía, convicción, denuedo en ir y hablar verdad. Aquí es que oramos por obediencia y convicción en ir y vivir de acuerdo a lo que se nos ha corregido. No se trata de motivación ni de "emocionalismos". Se trata de vivir entendidamente y de acuerdo y alineados a la voluntad de Dios para nuestras vidas.

Y aquí en nuestra oración final también es que damos gracias por la Palabra recibida, por la gracia y misericordia concebida, por la compasión y fidelidad de nuestro proveedor y sustentador. Oramos por dirección y corrección de nuestros pasos. Agradecemos por su instrucción y su provisión.

Entendamos que nuestro tiempo devocional, no estaría completo sin esta parte que es nuestra inclinación y aceptación a lo que se nos ha revelado durante los dos pasos anteriores. Ahora vivimos conscientes de lo que pasa y porqué ha pasado y podría seguir sucediendo si no fuera por la Omnisciencia, Deidad y Justa voluntad de Dios en nuestras vidas.

> *"Porque si alguno es oidor de La Palabra pero no hacedor de ella, éste es semejante al hombre que considera en un espejo su rostro natural. Porque el se considera a sí mismo, y se va, y luego olvida cómo era. Mas el que mira atentamente en la perfecta ley, la de la libertad, y persevera en ella, no siendo oidor olvidadizo, sino hacedor de la obra, éste será bienaventurado en lo que hace". Santiago 1:23-25 (RVR 1960)*

Está muy claro este pasaje de Santiago, ¿cierto? Si tan solo leímos y no obedecemos, es como haber estado oyéndole hablar acerca de algo tan personal y que recibiste las perfectas indicaciones, fuiste llevado al arrepentimiento, ahora tu corazón esta claro; incluso te maravillaste de lo revelado y recordado de tu corazón y te levantas y te vas. Y sin ir a obedecer lo que se indicó.

¿De qué te sirvió este tiempo? Todo lo contrario; peligras porque tu corazón se estará endureciendo a La Verdad y tus consecuencias te llevarán aún mas lejos de Dios. Tal cual sucedió con el pueblo de Israel al narrarnos Nahum, que pereció.

Por esto mismo esta oración final es para pedir a quien sí puede hacer lo que para ti pareciera imposible pues, Jesucristo es Omnipotente y Todo poderoso; y porque nos entiende y ya nos ha añadido lo necesario para que ahora nosotros le obedezcamos.

Esto mismo me recuerda lo que Dios todo poderoso le indica y manda a Josué. *"Esfuérzate y sé muy valiente"* ¿en qué? *en ir y hacer todas las cosas que están en este libro de que es nuestra ley.* La Biblia que contiene toda instrucción y que rige nuestro comportamiento, fe y conducta. Y así como a Josué, a ti y a mí se nos manda a ir y hacer lo que se nos ha revelado. Y que al salir de nuestro aposento salgamos con entendimiento y respuestas; conocimiento de la voluntad de Dios para tu vida. Por esto mismo un devocional, como te lo he presentado desde los primeros capítulos y repetido cuantas veces he podido es:

- *"Nuestra actitud de venir obedientemente a escuchar la Palabra de Dios Escrita diariamente, para conocer su voluntad, con el propósito de obedecerla"*-.

Por lo tanto, en la parte práctica de tus tiempos devocionales bíblicos personales diarios,

1- Inicia Orando

2- Lee Observando y Subrayando

3- Medita, reflexiona en las palabras subrayadas

4- Cierras Orando

Estos son los pasos de cómo hacer tu devocional día a día; y que, devocional tras devocional iras confirmando, fortaleciendo y madurando tu vida devocioanl. No ocasionalmente pero sí, diariamente.

Todo el proceso de tu vida devocional, inicia con tu devocional de hoy. Y en la permanencia de tu obediencia en venir diariamente, iras creciendo y fortaleciendo tu relación con tu Señor Jesucristo.

Capítulo 5

~

¿Cuál traducción de la Biblia, es la idónea para tus tiempos devocionales?

Desde el capítulo uno, hemos puesto claro que el fundamento y origen de cada uno de nuestros devocionales debe ser La Palabra de Dios; La Biblia.

Pero, ¿Cuál de las tantas traducciones o versiones que tenemos hoy, es la idónea para nuestros tiempos devocionales?

Considero que no es una pregunta superficial. De hecho, te confieso que es más frecuente de lo que podríamos pensar. Cada vez que tengo la oportunidad de exponer algún estudio o prédica con lo que respecta a una vida devocional, al final se me pregunta acerca de cuál traducción es la idónea para un tiempo devocional.

En una de estas conversaciones con una persona, me platicaba precisamente su experiencia al ir a una librería cristiana con la intención de comprar una Biblia para regalarla a alguien por su cumpleaños, con el propósito de que a quien se la regalaría, diera inicio a su vida devocional. Esta persona que se me acercó, había sido impactada con el contenido de los videos que hemos hecho, enseñando qué es un devocional bíblico personal diario, en nuestro canal de YouTube.

Esta visita a la librería de este amigo, resultó ser una buena lección y te confieso que esa charla ha sido el motivo de ser parte de este libro por la experiencia de esta persona al buscar tan solo una Biblia para devocionales.

Esta persona me indicaba que el llevaba en mente quizá decidir entre colores de portadas, incluso tamaños de la letra, el material pero, cuando llegó a la librería y estar de frente a los exhibidores y libreros con tantas y diferentes Biblias, alguien del personal, se le acercó al notar su comportamiento y le dijo, que buscaba tan solo una Biblia; la encargada con una sonrisa le hizo una cantidad de preguntas que le dejaron callado, sin respuestas y cada vez peor.

-Claro, con mucho gusto joven. ¿Que versión busca?-

-¿La necesita de equivalencia formal?-

-¡Tenemos una gran variedad de las de equivalencia dinámica!-

-También las tenemos con referencia cruzada....-

-Y si hoy se lleva alguna de éstas de estudio y con concordancia, ¡obtiene 30 días grátis en la versión digital! ¡Aproveche! O, por acá tenemos las cronológicas bilingües-

Este amigo, no podía dejar de verla y con cara seria; callado y pensando (de qué me está hablando... yo solo quiero una Biblia para devocionales). Después de unos segundos le respondió -déjeme ver algunas de estas y yo le busco si la necesito señorita. ¡Gracias!-

Así como tú ahora, mientras me platicaba este amigo su experiencia, nos reíamos de esa experiencia. Y para que no te suceda algo similar a lo que a este buen amigo y, para enfocarnos al tema de éste capítulo, primero debemos saber que un punto fundamental en las traducciones es que no hay dos idiomas que se puedan traducir de "manera directa". Es decir, no hay dos idiomas que se logren traducir palabra por palabra logrando decir lo mismo en ambas direcciones y para cada idioma. Y por tanto, este "asunto" para los respetables traductores, es uno de los retos más conocidos en las traducciones de los textos originales del Antiguo testamento y del nuevo testamento para traducirlos del idioma original ya sea Arameo, Hebreo o, Griego hasta nuestro idioma Castellano.

Además del gran y muy reconocido esfuerzo y conocimiento de los traductores que se han tenido que especializar en historia, cultura, geografía, teología, en fin; tantas áreas para conocer y entender lo que leen en el texto original; aplicarlo con el contexto y traducirlo con el fin de que tu y yo tengamos una Biblia en nuestras manos.

Para ayudarte a que tu decidas cuál es la traducción idónea para tus tiempos devocionales, primero te presentaré información que nos dé el entendimiento del por qué tenemos diversas versiones de La Biblia de acuerdo a mi investigación.

Pues bien, hay quienes categorizan a las traducciones modernas de La Biblia en tres grupos o, también llamadas posturas, esencialmente. Y hay otros quienes simplifican a dos posturas o grupos la categorización. En otras palabras, cualquier Biblia evangélica cristiana entra en una de éstas tres o, dos categorías o, posturas de traducción.

Bien, hablemos de estas posturas.

Un primer grupo te decía, sugiere que las traducciones de La Biblia se clasifican en tres categorías.

1- Las versiones de La Biblia que fueron traducidas palabra por palabra, de los documentos originales.

2- Las versiones de la Biblia que han sido traducidas en base a pensamiento por pensamiento, del documento original.

3- Las versiones que fueron traducidas del texto original ofreciéndonos, paráfrasis.

Por otro lado y como ya te decía, hay otros quienes han simplificado esta clasificación a dos posturas o grupos. Y estos son:

1- Equivalencia Formal o, llamada también como de Estudio Formal.

2- Equivalencia Dinámica o también conocidas como de Lectura fácil.

¿Qué significa esto?

Para facilitar la explicación de estas diferentes clasificaciones o posturas, utilizaré la categoría de dos grupos.

En el grupo de Equivalencia Formal o de Estudio Formal, encontramos Las Biblias que fueron traducidas palabra por palabra, del texto original.

Estas traducciones o versiones han tenido como principal objetivo el traducir lo más apegado posible del texto original, palabra por palabra; del Arameo o Hebreo del antiguo testamento y del Griego, el nuevo testamento.

Con esto entendemos que Las Biblias que corresponden a esta clasificación, proporcionan una traducción lo más literalmente posible, lo más apegado posible del texto original, porque este ha sido su objetivo principal.

En un segundo sector, encontramos las traducciones de la Biblia de fácil Lectura.

Y en este grupo podemos incluir o, juntar para simplificar y facilitar nuestra explicación a los de pensamiento por pensamiento y a las versiones que nos presentan una paráfrasis del texto original.

Ambas clasificaciones, se han enfocado principalmente en entender el pensamiento del que escribió el texto original y presentarte una traducción basada en un entendimiento lo mas cercano posible del texto original. Recuerda, esta clasificación de versiones no son traducidas literalmente sino en entender en lo posible, lo que estaba pensando el autor y, considerando todos los aspectos posibles en cuanto a su contexto. En estas traducciones, se ha tenido que interpretar mucho y de gran manera. Así mismo encontramos en esta clasificación a las Biblias que han sido traducidas del texto original presentando versiones de La Biblia con paráfrasis.

Resaltando aquí y como el significado de la palabra paráfrasis dicta:"frases que expresan lo que el texto original quiere decir".

Aquí encontramos a las traducciones que han procurado adaptar el significado del texto original, a las traducciones de nuestro idioma de hoy. Estas dos últimas clasificaciones las encontramos en el grupo de "Fácil Lectura" o de "Equivalencia Dinámica". Ofreciendo y buscando el traducir con pensamientos, frases y paráfrasis lo que el texto original quiso decir y sacrificando el significado del texto original para ofrecerte una versión que sea fácil de leer.

Así que, ¿Cuál traducción o versión de La Biblia es la idónea para tus tiempos devocionales bíblicos personales diarios?

Mi respuesta está basada recuerda y te reitero, para tus tiempos devocionales. No para estudios bíblicos o, exposición de Las Escrituras, ni para tus tiempos de lectura.

Para tus tiempos devocionales yo te sugiero usar una versión que te ofrezca lo más apegado y fiel posible a lo que El Espíritu

Santo realmente ha inspirado.

Creo en mi corazón que La Biblia no es un libro de sugerencias. Y lo creo porque la misma Biblia se ha revelado al hombre como la Palabra profética más segura y que nunca ha sido de interpretación privada; punto que mas adelante te presentare y poco más detallado.

Jesucristo mismo nos ha ordenado escudriñar Su Palabra porque allí, a nosotros nos parece que en Las Escrituras tenemos la vida eterna. Las Santas Escrituras son la vía inspirada por Dios mismo para testificarnos de Jesucristo mismo; y La Biblia es la que dá testimonio de su deidad y soberanía. De Jesucristo. Y Jesucristo es Dios. Así que al escudriñar palabra por palabra; al meditar palabra por palabra y considerando cada coma y cada signo de puntuación, no solo nos da un mensaje perfecto y sin error que ha sido inspirado por Dios. Los 66 libros que conforman nuestro canon bíblico son, la revelación completa y suficiente de Dios; sin defecto y perfecta que Dios mismo nos ha querido revelar.

Nuestra definición de lo que es un devocional bíblico personal diario es *"La actitud del redimido por Jesucristo en venir obedientemente y diariamente a escuchar La Palabra de Dios escrita, para conocer la voluntad de Dios con el propósito de obedecerla".*

Considero que no obtendré el mismo resultado en mi vida devocional, al considerar una versión que me ofrezca pensamientos o, paráfrasis del texto original. ¿Por que no mejor usar una versión que me ofrezca en lo posible, lo más fiel al texto original, sabiendo que son las palabras que Dios mismo ha inspirado a escribir y comunicar?

La Biblia nos enseña a través del hermano Pedro y nos escribe en su segunda carta que, *"Tenemos también la palabra profética más segura, a la cual hacéis bien en estar atentos como a una antorcha que alumbra en lugar oscuro… versículo siguiente, entendiendo primero esto, que ninguna profecía de La Escritura es de interpretación privada. porque nunca la profecía fue traída por voluntad humana, sino que los santos hombres de Dios hablaron siendo inspirados por El Espíritu santo. (2P 1:19-21)(RVR 1960)*

Las Escrituras nos enseñan a través del apóstol Pablo que *"las cosas que se escribieron antes, para nuestra enseñanza se escribieron, a fin de que por la paciencia y la consolación de Las Escrituras, tengamos esperanza." Romanos 15:4. (RVR-1960).* Por tanto, si para nuestra enseñanza se nos han escrito, ¿por qué tratar de cambiar estas palabras usadas en el documento original para facilitarnos la lectura?

Y ya mencionaba la orden de nuestro Señor Jesucristo al indicarnos que escudriñáramos Las Escrituras. Y si escudriñar significa investigar, indicar meticulosamente. Rebuscar y profundamente. Observar a fondo. Examinar y analizar. Es decir, escudriñar no es lo mismo que tan solo leer. Por tanto si pretendemos obedecer y escudriñar, lo que menos deberíamos de usar para escudriñar es una traducción bíblica que nos ofrezca pensamientos o paráfrasis. Es decir, frases que pretenden "ayudarnos a entender mejor" pero al haber sido cambiadas las palabras e incluso omitir palabras del original, es claro que no lograremos escudriñar lo que se inspiró y reveló desde el principio en su totalidad.

Por tanto, si lo que buscamos es obedecer y conocer; escudriñar La Palabra de Dios para cumplir la voluntad de Dios, tu no buscas una versión que te ofrezca pensamientos o paráfrasis. Tu no necesitas para conocer la voluntad de Dios una traducción que te de "una paráfrasis de lo que ha inspirado El Señor.

Considero que no necesitamos para conocer la voluntad de Dios una interpretación que busque facilitarte la lectura porque esa labor es lo que El Espíritu Santo hace en sus redimidos por Jesucristo; enseñándoles y recordándoles su Palabra (Juan 14:26)

Y a través de La Palabra misma, El Espíritu Santo nos guía a toda verdad. (Juan 16:13) Y por favor, recuerda que este planteamiento obedece específicamente para ofrecerte cuál traducción es la idónea para tus tiempos devocionales. No para tus estudios bíblicos ni para tus tiempos de lectura. Para los tiempos de estas otras y diferentes y muy necesarias disciplinas también que nos son muy necesarias, hay un planteamiento y opinión de mi parte muy diferente.

Así que, como a mi amigo que quiso comprar una Biblia te pregunto. ¿Tú qué buscas, qué esperas obtener en tus tiempos devocionales?

¿Qué pretendes al ser expuesto tu corazón y ser tu mente expuesta ante La Palabra de Dios?

¿Anhelas que tu mente sea transformada por medio de la renovación de tu entendimiento? (Romanos 12:2) Y así, tu vivas comprobando día tras día; devocional tras devocional, que la voluntad de Dios al ser revelada a tu vida, y que al obedecerla y aplicarla en toda área de tu vida, tu seas testigo de que es buena, agradable y perfecta.

Y un último punto que te presento para ayudar a tú decisión. En el libro de Josué, La Biblia nos enseña y manda a meditar en toda La Palabra. Observa en el versículo 7 que nos enseña a que debemos cuidar de hacer (obedecer) de acuerdo a, conforme a toda la ley.

Versículo 8 nos indica a que nunca se aparte de nuestra boca este libro, y en el meditar en el para que guardes y hagas (obedecer) conforme a todo lo que en el está escrito.

Por lo tanto, si queremos obedecer (cuidar en hacer) *todo lo que contiene y enseña* La Biblia y tal cual se nos manda, entonces, necesitaremos para nuestros tiempos devocionales bíblicos una versión que sea traducida y más apegada posible a lo que El Espíritu Santo ha inspirado. Yo te sugiero una Biblia que en su traducción sea de la postura conocida como de "Estudio Formal o, Equivalencia Formal" porque nos ofrecen una versión traducida palabra por palabra.

Las versiones traducidas y consideradas como de "Fácil Lectura o de Equivalencia Dinámica", son muy recomendables para los tiempos de lectura pues, como su postura le clasifica, son de -fácil lectura- y te permiten entender mejor por el idioma contemporáneo de algunas palabras en el pasaje que se está leyendo. O bien, para los estudios bíblicos son importantes y muy necesarias pues después de haber leído y observado el pasaje por estudiarlo para exponerlo, y después de haber escudriñado este pasaje, y con las demás herramientas para este estudio bíblico sistemáticamente, entonces es que recurrimos y nos ayudamos en complementar con tantas diferentes versiones tengas en tu librería para entender aún mejor la porción por exponer por su lenguaje, pensamientos y paráfrasis de fácil comprensión. Pero recuerda que inicialmente vienes de un estudio sistemático y con una biblia de estudio formal

Y que por esto mismo recuerda que un devocional es tu actitud de venir obedientemente y diariamente a escuchar la Palabra de Dios escrita para conocer toda la voluntad de Dios y tal cual se nos ha revelado y con el propósito de obedecerla.

A continuación, te presento una lista con algunas de las versiones de La Biblia y su postura a la que pertenecen. No son todas las que existen por su puesto ni, están bajo ningún orden en específico o, preferencia.

ESTUDIO FORMAL/ EQUIVALENCIA FORMAL	FACIL LECTURA/ EQUIVALENCIA DINÁMICA
Reina Valera RV	Nueva Versión Internacional NVI
Nueva Biblia Latinoamericana de Hoy NBLH	Nueva Biblia Viva NBV
Biblia de las Américas LBLA	Nueva Traducción Viviente NTV
Biblia de estudio John MacArthur	El Mensaje
Biblia Reformada R.C. Sproul	
Biblia Mathew Henry	

Ultimas consideraciones

Tú y yo primeramente debemos dar gracias a Dios porque se ha manifestado a nuestras respectivas vidas. Y porque nos ha dejado su Palabra y que por la cual hoy, se revela y comunica con nosotros sus redimidos de una forma particular.

Además, debemos ser agradecidos al poseer una Biblia y que podemos leerla y escucharla (Apocalipsis 1:3) Y que lo mas probable es que al leer este libro, es que tu tengas una Biblia y por lo tanto te animo a que además de leerla, vengas diariamente a los pies de tu Señor Jesucristo a escucharle hablar a través de tu Biblia y con el propósito de obedecer cada palabra, cada versículo que Dios Eterno mismo va revelando a tu corazón.

"Tu Biblia, la tendrás contigo, y leerás en ella todos los días de tu vida, para que aprendas a temer a Jehová tu Dios, para guardar todas las palabras de esta ley y estos estatutos, para ponerlos por obra; para que no se eleve su corazón sobre sus hermanos, ni se aparte del mandamiento a diestra ni a siniestra; a fin de que prolongue sus días en su reino, el y sus hijos, en medio de Israel." Deuteronomio 17:19-20 (RVR 1960)

Capítulo 6

~

Propósito de una Vida Devocional

Al referirme a una vida devocional, llevo en mente al proceso de haber nacido de nuevo (Juan 1:12-13) y entonces, al desarrollo y crecimiento (Mateo 13:23). Al aprendizaje y capacitación e incluso, la renovación para ser habilitado con el propósito de dar fruto en nuestras vidas en Cristo. Por Cristo y para, Cristo. (Efesios 2:1-9)

En lo que he leído y entiendo de algunos de mis maestros y mentores, e incluso durante las charlas con otros amigos, me han comentado que "una vida devocional" se asemeja a lo expuesto a lo que en teología se le denomina "El proceso de la santificación" en la vida de un redimido por Jesucristo.

Esta vida o, proceso devocional, se establece y madura a través de los días, semanas, meses y años en que enfocados vamos viviendo en un progreso donde a través de nosotros, La Vid que es Jesucristo, va produciendo fruto en nosotros. Por lo tanto, una vida deovcional se forma y alimenta de el diario tiempo devocional bíblico personal para obedecer, a fin de dar fruto. (Juan 15:3)

Lo que tengo como objetivo en este capítulo es que entendamos no solo el propósito de una vida de devocional; también y a la par, el concientizar que si interrumpes tus tiempos devocionales diarios, hay consecuencias, hay repercusiones en tu vida espiritual como hijo, hija de Dios. Así mismo si tu no pasas tiempos de lectura Bíblica personal, tu desarrollo y crecimiento, tu madurez y progreso reflejará tu propósito de vida.

Y las consecuencias serán como tu sabrás ya por la experiencia, de caer en desánimos, desenfoque, pecados y, seremos cada día presas más fáciles para nuestra carne, para el enemigo y acusador y para, el sistema de valores que busca conquistar tu mente y que tu vida no produzca fruto por tu desobediencia a La Palabra de Dios.

Entonces, ¿cuál es el propósito de una vida devocional?

Toda La Biblia habla de este tema pero por lo pronto, permíteme responderte con dos ejemplos.

"Mas el Dios de toda gracia, que nos llamó a su gloria eterna en Jesucristo, después que hayáis padecido un poco de tiempo, él mismo os perfeccione, afirme, fortalezca y establezca." 1Pedro 5:10 (RVR 1960)

Pedro, despidiéndose por carta de los hermanos expatriados que por causa de la dispersión por la fe y obediencia a Jesucristo, padecían persecución en sus vidas y días. Esos hermanos estaban viviendo persecución y tribulación; estaban siendo oprimidos y cada vez más acorralados por el imperio opresor de ese momento. Pero Pedro escribiéndoles a esta iglesia viva y perseguida les consuela en su espíritu y con La Palabra de Dios diciéndoles verdad. Y nos dice:

Dios mismo os perfecciones, os afirme, os fortalezca y os, establezca. Dios mismo y con Su Palabra nos muestra como a estos hermanos, quienes viviendo en diversas pruebas y adversidades, les instruye que nuestra fortalezca viene del Señor Jesucristo ante los momentos y días de prueba y padecimientos, sufrimientos y adversidades.

Ademas de que a través de este mismo pasaje de Pedro, somos enseñados a conocer el propósito de una vida devocional y no de una actividad devocional. Ya que al permanecer en Él obedeciendo a Su Palabra, Él mismo nos perfecciona, nos afirma, nos fortalece y establece.

Cuando tu escudriñas cada una de estas cuatro evidencias o, características que se producen como fruto o resultado de cada día de vivir obedientemente, yo encuentro qué importante es para establecer una respuesta solida a la pregunta central de este capítulo. Observemos entonces, cada una de estas cuatro evidencias o, características que se producen a través de nuestra vida devocional.

La palabra "perfeccione" es la #2675 en la concordancia exhaustiva de la Biblia Strongs y que en su raiz significa:

Madurar, completar totalmente, reparar, ajustar, hacer apto, preparar, restaurar, unir.

En donde en el evangelio de Lucas 6:40 encontramos la misma raíz e intensión de la palabra.

40. El discípulo no es superior a su maestro; mas todo el que fuere perfeccionado, será como su maestro. (RVR 1960)

Esto nos indica que durante nuestros tiempos devocionales bíblicos seremos perfeccionados; La Palabra de Dios y nuestra obediencia a Ella, producirá y estaremos madurando, reparando y ajustados, preparados tal cual el discípulo que vive este proceso del día a día a los pies de su Maestro Jesucristo escuchándole hablar con Su Palabra viva.

La segunda característica que se produce es que Dios mismo os "afirme". Esta palabra es la #4741 y que también se refiere a:

fijar firmemente, confirmar, establecer, permanecer sobre.

Santiago 5:8 nos ayuda a entender esta aplicación.

8. Tened también vosotros paciencia, y afirmad vuestros corazones; porque la venida del Señor se acerca. (RVR 1960)

…y afirmad; es decir, confirmar, establecer y permanecer. ¡Qué certeza que produce Dios al afirmad nuestros corazones! ¿no es cierto? Nuestro mismo Dios de paz produce en nosotros y con Su Palabra esta afirmación durante nuestra vida devocional.

Lo tercero que Dios produce en sus devotos al exponer sus corazones escuchando Su Palabra diariamente es que Él mismo os "fortalece". Esta palabra es la #4599 y que significa establecer en conocimiento y en poder espiritual.

En Nahum 1:7 se nos enseña que *El Eterno es bueno, fortaleza en el día de la angustia; y conoce a los que en Él confían. (RVR 1960)*

Me es de gran gozo y paz el saber que Dios mismo nos fortalece y aquí en el libro de Nahum nos deja ver lo que sucede al permanecer en el día a día en nuestros tiempos devocionales. El Señor mismo nos va fortaleciendo y que en los momentos de prueba El mismo establece en conocimiento y poder espiritual lo que Él mismo, ha ido sembrando en cada uno de nosotros con Su Palabra de Vida.

Así mismo Dios nos "establece". Esta palabra "establece" es la #4731 y que en su raíz significa: solido, estable, firme, preservar en pie, levantar.

Hechos 17:31 nos ayuda a valorar y con seguridad lo que Dios produce en nosotros al venir obedientemente a Él a escucharle hablar.

Dice en hechos: "por cuanto ha establecido un día en el cual juzgará al mundo con justicia, por aquel varón a quien designó, dando fe a todos con haberle levantado de los muertos". (RVR 1960)

¡Su Palabra es verdad! y, ¡es, eterna! Dios mismo ha establecido y dice aquí en hechos que un día en el cual juzgará al mundo con justicia. Está establecido por Dios. Y así como está establecido a que cielos y mares pasarán pero, Su Palabra nunca pasará, (Mateo 24:35) así mismo sucede ¡porque su Palabra es!, que Él mismo os "establece". Nos preserva en pie; nos levanta. Y no sé a ti pero a mi me recuerda el salmo 1 que me responde porqué ese árbol que ha sido sembrado junto a las corrientes del agua, su hoja no cae. A pesar de las tormentas, de los huracanes, de las tempestades y plagas de la vida. O lo que quieras incluir aquí, La Biblia nos especifica y es clara que ese árbol, ¡su hoja no cae! Y ese árbol es aquél bienaventurado devoto que, meditó de día y de noche en La Palabra de Dios. Ese devoto que obedientemente vino a invertir tiempo a los pies de su Señor escuchándole hablar con su Palabra escrita para conocer Su voluntad, meditar en ella de día y de noche y que es establecido tal cual nos instruye La Palabra. ¡Gloria a Dios!

Considero que los versículos por sí mismos nos explican y en su mismo contexto la aplicación misma de cada una de las palabras que nos están dando la respuesta al propósito de nuestra vida devocional. Y es que con cada tiempo devocional bíblico personal diario iremos madurando nuestra dependencia en El Señor siendo perfeccionados y madurando siendo reparados, ajustados, aptos, preparaados, restaurados… afirmados, fijados firmemente, confirmados y establecidos.

Cuando yo estudiaba y escudriñaba este pasaje y en cada palabra que lo forma, cada devocional ha venido a significar una gran importancia en mis días. Considero que cada vez que nos hacemos la pregunta por qué de algo, la respuesta es lo que determina no solo el conocer una respuesta, sino que además el responder un porqué, nos da una solución que nos da un poder para continuar haciendo algo y ahora con conocimiento y siendo conscientes y, aquí el por qué o, propósito, es la razón del porqué de una vida devocional.

Ademas, yo mismo me lamento por los días perdidos sin mis tiempos devocionales. Primero por el tiempo que no pasé ante mi Señor y Redentor Jesucristo. Que ya de por sí, eso, lo es todo.

Segundo, por las tantas instrucciones y correcciones sin considerar de mi parte y, que me hubieran ahorrado consecuencias que aún vivo en diferentes áreas de mi vida.

¿Te pasa lo mismo, estas de acuerdo conmigo?

Ahora entiendo porqué tantas consecuencias como resultado de vivir alejado y en desobediencia a mi Señor Jesucristo. Y que ahora, consciente a esta respuesta, nos lleva a entender por otro ángulo precisamente el propósito de una vida devocional. Porque al venir prioritariamente cada mañana ante nuestro Señor, este propósito se fortalece.

Creo que con lo establecido hasta aquí, también nos alcanza para respaldar la debida importancia de lo que es la "actitud de venir obedientemente" cada mañana para ir madurando una vida devocional y sabiendo que en cada tiempo devocional bíblico personal seremos perfeccionados por Dios mismo con Su Palabra.

Ademas de que en cada reflexión dirigida por Su Espíritu Santo y con La Biblia, somos afirmados en nuestros corazones. Seremos transformados y renovadas nuestras mentes y corazones.

Qué misericordioso es nuestro Redentor Jesucristo que en medio de éstos días malos y de tanta desinformación y manipulación; y de tendencias que incrementan la decadencia y pecado del hombre, incrementando el control del sistema de valores de este siglo y que confunden mas y mas. Pero que por la misericordia de Jesucristo, y que fielmente nos concede gracia con su Palabra Escrita y que por ella, nos otorga el conocimiento, arrepentimiento, corrección e instrucción para habilitarnos enteramente y prepararnos para toda buena obra de Dios y que Él mismo nos hace aptos. (2Timoteo 3:16-17)

Por lo tanto, una vida devocional, tiene como propósito de que tú y yo seamos perfeccionados y afirmados y fortalecidos y establecidos por la misma Palabra Escrita eterna de Dios.

Desde hoy, tus tiempos devocionales no pueden ser iguales. No pueden seguir siendo simplemente una actividad más de tu vida cristiana. Ni tampoco ser inconsistentes. Ya no puedes vivir inconscientemente de lo que ahora ya sabes qué obtendrás en cada tiempo devocional en tu vida.

El que fue inspirado por Dios para escribir la carta a los hebreos, nos da registro de lo que hace Dios en sus devotos y redimidos por La Sangre de Jesucristo durante sus tiempos devocionales bíblicos diarios.

"Y el Dios de paz que resucitó de los muertos a nuestro Señor Jesucristo, el gran pastor de las ovejas, por la sangre del pacto eterno, os haga aptos en toda obra buena para que hagáis su voluntad, haciendo él en vosotros lo que es agradable delante de él por Jesucristo; al cual sea la gloria por los siglos de los siglos. Amen" Hebreos 13:20-21 (RVR 1960)

Observando el versículo 21, de inmediato nos indica quién es El que realiza la obra para que nosotros seamos aptos; y esto debe causar en nosotros esa confianza, certeza y paz. Él mismo, siendo El Dios de paz y que resucitó de los muertos a nuestro Señor Jesucristo. Dios mismo. De hecho, esta misma palabra "aptos" es de la misma raíz de la palabra "perfeccione" que estudiamos párrafos atrás en 1Pedro 5:10.

Entonces, Dios mismo nos hace "aptos"; Él mismo nos perfecciona, ¿en qué?...observa el versículo 21 y respondamos en qué nos hace "aptos" y va madurándonos en cada día devocional. En el pasaje de 1Pedro 5 obtuvimos respuesta en el propósito de una vida devocional. Ahora, con esta cita de la carta a los hebreos, obtenemos aún más explícita y precisa la respuesta que responde al objetivo de este capítulo. Porque ahora ya sabemos que somos por Dios mismo "aptos" y el complemento de lo que es este propósito es… en toda obra buena para que hagáis (obedezcáis) su voluntad.

Haciendo Él (El mismo Dios de paz) en nosotros lo que es agradable delante de Él, por Jesucristo.

Te sugiero subrayes en este mismo libro y en tu Biblia los verbos y adjetivos, sujetos para que tu mismo lo entiendas aún mas al observar detenidamente (…Subraya, creéme que no le pasará nada a tu libro ni a tu Biblia.)

Observa quién es el que te hace apto. Y que por cierto, al recurrir al diccionario, la palabra"apto" significa *persona que sirve para determinada actividad, función, servicio"*. Y que además posé el nivel requerido de conocimiento. Esto es el significado de la palabra "apto". ¡uffff! qué característica del que es "apto"; Y lo que me da aún más gozo es leer y observar y ahora creer en la certeza de que esta"aptitud" no depende de mis atributos, ni de mi educación o, alguna otra razón. ¡No! Solo depende de Dios. Él mismo es quien hace "apto" al devoto obediente. Él mismo; Dios mismo le capacita e instruye para determinada actividad, función, servicio dentro de su cuerpo. Él mismo se encarga de preparar a sus redimidos obedientes que vienen a escucharle hablar con Su Palabra. Tú, por tanto, obedece creyendo en venir cada mañana y enfocado con la convicción de que serás siendo "apto" cada día devocional.

¿En qué serás apto? … En toda buena obra. Para que hagáis su voluntad.

Qué importancia tan fundamental está retomando este vehículo de intimidad y devoción a Dios. pues al venir cada mañana a nuestro tiempo devocional, El mismo nos enseña y capacita en qué es su voluntad, cómo hacerla, por qué hacerla, cuándo hacerla. Estarás siendo apto en toda buena obra.

Además de lo que Dios mismo te está mostrando a tu propio corazón; quiero incluir aquí un punto más observando lo que está escrito en este pasaje. Un tiempo devocional no es el tiempo para venir y pedir deseos ni peticiones, de cadenas de oración o de intercesión. No. el propósito de cada día y tiempo devocional es para que tu y yo seamos aptos para conocer, hacer y obedecer toda obra buena. Haciendo Él en nosotros, lo que es agradable delante de Él, por Jesucristo.

Así que, el propósito de una vida devocional es para que Dios mismo te perfeccione y afirme y fortalezca y establezca (1aPedro 5:10); haciéndote apto. Instruyéndote, capacitándote y preparándote para que hagáis tú, su voluntad. (Hebreos 13:20-21)

A tí y a mí solo nos corresponde la parte de obedecer; el ser diligentes. Considero que ahora ya tienes un elemento fundamental y determinante para sostener esa obediencia cada día. Pues ya tienes respuestas y plena justificación al porqué invertir tiempo diario devocional bíblico.

Y, quizá tú me digas

Frank, ¿Cómo que solo eso. Solo obedecer? ¡Yo tengo que hacer algo más!

No. Solo nos corresponde obedecer con la actitud y entendida de venir cada día obedientemente y claro, después de lo que se te ha indicado ir a obedecer.

Acompáñame a 1Pedro 1:2 porque este versículo nos dá evidencia del propósito que ha habido siempre desde el previo conocimiento de Dios para haber apartado a sus redimidos.

"elegidos según la presciencia de Dios Padre en santificación del Espíritu, para obedecer y ser rociados con la sangre de Jesucristo: Gracia y paz os sean multiplicadas." (RVR 1960)

-Elegidos según la presciencia de Dios Padre en santificación del Espíritu- ¿Para qué?...¡Obedecer! Obedecer, ¿a quién? a Jesucristo. Dicho con otras palabras; Hemos sido elegidos por Dios Padre, santificados, apartados por El Espíritu Santo para, toda esta obra en el previo conocimiento de Dios para… obedecer a Jesucristo y ser marcado, rociado por La Sangre de Jesucristo.

Ahora, regresa a la cita de la carta a los hebreos por un momento más porque no hay pierde si le obedecemos. Nunca habrá pierde si le obedecemos. No hay error si venimos obedientes a escuchar su santa palabra. En el versículo 21 nos dice -"haciendo El"- Dios mismo en el redimido. No hay error porque Dios es quien hace la obra. Él mismo Dios soberano y Todo Poderoso. El mismo Dios de paz es quien hace en sus hijos devotos obedientes. Él es quien lo produce.

Si venimos cada mañana enfocados y en este entendimiento y aspirando vivir este propósito y, en obediencia, anhelándolo y orando al inicio de tu tiempo devocional; convencidos de que al rendir nuestros oídos espirituales y corazones cada mañana; dispuestos a oír para obedecer la corrección e instrucción de cada día. Entendiendo que lo que buscamos es ser perfeccionados y afirmados en los propósitos de Dios. Fortalecidos para obedecerle en todo, pues seremos aptos por Él mismo para hacer toda buena obra en la que Él mismo nos dirige.

Estoy seguro que ya está muy claro que un tiempo devocional bíblico personal diario no es leer y leer extensas cantidades de versículos y sin darnos el tiempo necesario para reflexionar en nuestro corazón con el objetivo explicado en este capítulo.

Una vida devocional es tan vital para cada uno de sus hijos, como el saber que si tu dejas de alimentarte sanamente, tu cuerpo sufrirá consecuencias y tanto tu metabolismo como sistema inmune, sufrirá.

De la misma manera, si no duermes y descansas lo necesario tu salud y sistema nervioso y circulatorio sufrirá las consecuencias y correrás riesgos muy grandes y podrías enfermar.

Pues así mismo en tu vida devocional. Hoy tu puedes estar viviendo las consecuencias por vivir apartado de Dios y su Palabra. Hoy tu puedes estar existiendo en días y sin conocer tu parte y función en el cuerpo de Cristo; y sin apreciar y disfrutar la gracia de Dios conscientemente. (Hechos 20:32) En otras palabras, "estas existiendo en una completa desnutrición espiritual".

"Hijo mío, si recibieres mis palabras, Y mis mandamientos guardares dentro de ti, Haciendo estar atento tu oído a la sabiduría; Si inclinares tu corazón a la prudencia,Si clamares a la inteligencia, Y a la prudencia dieres tu voz; Si como a la plata la buscares, Y la escudriñares como a tesoros, Entonces entenderás el temor del Eterno Dios, Y hallarás el conocimiento de Dios". Proverbios 2:1-5 (RVR 1960)

Si recibiéramos estas palabra de vida. Si las guardáramos; si inclináramos el corazón, si le buscáramos, si la escudriñáramos, y si hiciéramos nuestros devocionales bíblicos personales diarios, si le obedeciéramos… entonces y es hasta entonces que entenderemos el temor del Señor Jesucristo. Y viviríamos la evidencia que resalta Mateo en su libro cuando Jesucristo describía aquellos que viven en "buena tierra"; estos que oyen La Palabra de Dios y la entienden. Este entendimiento es el que se describe al final del versículo 5 del proverbio 2. Entenderemos y consecuencia en la vida devocional es que al oír y entender, darás fruto al 100, 60 y 30.

Qué importante es el vivir y conscientemente una vida devocional. Nos marca las prioridad en nuestros días. Nos alinea a la Biblia. Nos acerca y habilita en disfrutar de esa herencia junto a todos los santificados. Y recordemos, esta vida devocional es un proceso; un camino del día a día que al final de todo esto que he tratado de definir en este capítulo es en lo que consiste nuestra vida eterna. En el conocer personalmente y en todo a nuestro salvador, redentor y Dios vivo Jesucristo. (Juan 17:3)

La pregunta obligada a partir de lo que hemos aprendido hasta aquí en es te libro es, ¿Cómo respondemos? ¿Qué sucederá en tus días? ¿Qué harás después de cerrar la contra pasta de este libro?

Ya conoces una definición. Ya tienes respuestas a: qué consiste, de qué se forma, cómo hacer, qué esperar de cada tiempo devocional diario. Y entonces, ¿Cómo responderemos como consecuencia de toda esta información que hoy conoces?

"Por lo cual, como dice el Espíritu Santo: Si oyereis hoy su voz, No endurezcas vuestros corazones, Como en la provocación, en el día de la tentación en el desierto, Donde me tentaron vuestros padres; me probaron, Y vieron mis obras cuarenta años. A causa de lo cual me disgusté contra esa generación, Y dije: Siempre andan vagando en su corazón," Hebreos 3:7-10 *(RVR 1960)*

"Porque también a nosotros se nos ha anunciado la buena nueva como a ellos; pero no les aprovechó el oír la palabra, por no ir acompañada de fe en los que la oyeron" Hebreos 4:2 *(RVR 1960)*

... por no ir acompañada de fe (obediencia) en los que la oyeron.

Y precisamente, una vida devocional busca que se produzca en tu vida y la mía lo que progresivamente vá sucediendo día a día y que dá testimonio Job al responderle al Eterno Dios. *"Yo conozco que todo lo puedes, Y que no hay pensamiento que se esconda de ti. ¿Quién es el que oscurece el consejo sin entendimiento? Por tanto, yo hablaba lo que no entendía; Cosas demasiado maravillosas para mí, que yo no comprendía.*

Oye, te ruego, y hablaré; Te preguntaré, y tú me enseñarás.

De oídas te había oído, Mas ahora mis ojos te ven. Por tanto me aborrezco, Y me arrepiento en polvo y ceniza". Job42:1-6 (RVR 1960)

…Dos preguntas para ti.

Después de estos dos últimos pasajes, te tengo dos preguntas. Y te anticipo que las respuestas no son espontáneas sino que son respuestas que nacen, se forman y se confirman de tus tiempos devocionales bíblicos diarios pues, al ver el pasaje de Job es evidente un cambio, una transformación en la vida de comunión y dependencia de Job con su Señor.

Y la pregunta es. ¿Quién es Jesucristo, para ti?

Segunda pregunta. ¿En serio?

¿De dónde sacas estas respuestas?

¿De las respuestas espontáneas que escuchamos a menudo en nuestro ambiente cristiano-iglesia? y que las hemos aprendido y adoptado pero que, muchas de estas frases y exclamaciones, con mucho respeto lo digo, muchas veces no entendemos ni sabemos su trasfondo ni significado.

Estas respuestas solo pueden ser reveladas a tu vida por El Espíritu santo y con su Palabra y, durante nuestros tiempos ante Él.

Juan 3:11 nos instruye acerca de esta verdad; *"de lo que sabemos, hablamos y damos testimonio de lo que hemos visto".* Y reitero que, nuestra vida eterna consiste en conocer a nuestro redentor Jesucristo; consiste en conocer su voluntad. Y esta revelación se va afirmando y madurando y produciendo convicción, llevándonos a la seguridad y depender de Dios y de la Palabra de su gracia.

Por lo cual, y como dice El Espíritu Santo, si oyeres hoy Su voz. ¿Cuál voz? la de Dios mismo a través de su Palabra Escrita; La Biblia. No sigas endureciendo tu corazón por causa de tu inconsistencia y recibe la instrucción de su Palabra.

Por lo tanto, haz tu devocional bíblico personal hoy mi estimada y estimado.

Cierro con el siguiente versículo del libro de Deuteronomio, anhelando en mi corazón que el contenido de cada página de este libro te sirva para que entendiendo qué es un devocional, produzca en ti con estas respuestas tu siguiente paso, y vivas cada día en obediencia para llevar mucho fruto a tu hacedor salvador y redentor Jesucristo.

"Mira, yo te he puesto delante de ti hoy la vida y el bien, la muerte y el mal; porque yo te mando hoy que ames a Jesucristo tu Dios, que andes en sus caminos, y guardes sus mandamientos, sus estatutos y sus decretos, para que vivas y seas multiplicado, y Dios Eterno te bendiga en la tierra a la cual entras para tomar posesión de ella." Deuteronomio 30:15-16 (RVR 1960)

Conclusión

~

Permíteme agradecerte a ti que tienes este libro instruccional entre tus manos. Gracias por confiar en mí por lo que te he compartido para que tu aprendas a hacer tus devocionales bíblicos personales diarios paso a paso. Gracias por confiar en el contenido que te he compartido en estas páginas.

En verdad que vivo con el deseo de que te haya sido de ayuda para que no solo encuentres respuestas con fundamentos y motivos para que des inicio a tu vida devocional, sino que ademas, regreses a recordar y repasar en lo que aquí te he escrito para memoria y sigas fortaleciendo tu vida de comunión con nuestro Señor Jesucristo a través de tus devocionales.

Necesito un gran favor de ti. Si es que he logrado lo que me he propuesto y te he escrito en cada capítulo y, has encontrado respuestas y has disfrutado este libro, te agradeceré muchísimo visites la página de amazon y escribas una opinión de lo que te ha parecido este libro. Esto significa mucho para mi pues con tu comentario, me ayudaras a saber cómo puedo mejorar y en qué áreas y sobre todo si estoy haciendo bien lo que he sido llamado a hacer. O bien, escríbeme un email a **oaomicanal@gmail.com** ¿Lo harías? ¡Muchas gracias nuevamente!

Y, por último. Visita mi canal de YouTube y ve cuantas veces consideres necesario repasar cada video instrucciones; compárte los videos entre tus amistades. Esto nos ayuda a crecer y a que más personas aprendan a hacer sus devocionales bíblicos personales diarios.

Apuntes del Autor

¿Qué es un Devocional?

~

Este apunte instruccional, está basado en el video instruccional con título "¿Qué es un Devocional?" que lo encuentras en nuestro canal en YouTube oyendo y aprendiendo para obedecer, para que puedas completar este apunte.

¿Qué es un Devocional?

Definimos a un **Devocional Bíblico Personal diario** como, la ACTITUD de venir OBEDIENTEMENTE a escuchar hablar a Dios a través de Su PALABRA ESCRITA, para CONOCER su Voluntad con el propósito de OBEDECERLA.

Esta definición es básicamente extraída de las citas bíblicas, consultadas. ¿te acuerdas cuáles son esas dos citas?_____ y _____. Ademas de que con estas mismas citas, respondimos a las preguntas, *en qué consiste y qué esperamos de un devocional.*

Josué 1:7-8 Reina Valera 1960

> *7 Solamente esfuérzate y sé muy valiente, para cuidar de hacer conforme a toda la ley que mi siervo Moisés te mandó; no te apartes de ella ni a siniestra, para que seas prosperado en todas las cosas que emprendas.*

> *8 Nunca se apartará de tu boca este libro de la ley, sino que de día y de noche meditarás en él, para que guardes y hagas conforme a todo lo que en él está escrito; porque entonces harás prosperar tu camino, y todo te saldrá bien.*

Josué 1:7-8, encontramos *en qué consiste un* Devocional Bíblico Personal *diario.*

¿En qué consiste un Devocional?

En cuidar de _____ [es decir, obedecer, cumplir]

En _____ La Palabra de Dios

En No Apartarse _____ [es decir, no es necesario otro recurso, otro medio]

De día y de noche _____ en ella.

En guardar y hacer conforme _____ lo que La Biblia está escrito.

> *2 Timoteo 3-16-17   Reina Valera 1960*
> *16 Toda la Escritura es inspirada por Dios, y útil para enseñar, para redargüir, para corregir, para instruir en justicia,*
>
> *17 a fin de que el hombre de Dios sea perfecto, enteramente preparado para toda buena obra.*

Mientras que en 2a. Timoteo 3:16-17   respondemos a la pregunta **¿Qué esperamos de un Devocional?, ¿Qué nos encontramos en un Devocional?**

_____

_____

¿Qué esperamos, qué encontramos en un Devocional?

- En que nos será útil para _____
- En que nos va a redarguir.
- En que nos va a _____
- En que nos va a instruir
- En la justicia de _____
- En que seamos completos y enterados

- Enteramente o, completamente preparados para
_____ obra.

Es decir, que en base a toda La Palabra de Dios, La Biblia, en los sesenta y seis libros que conforman el canon bíblico, seremos enseñados y redarguidos y corregidos e instruidos para ser preparados, capacitados por Dios mismo y con Su Palabra; y así ser habilitados para hacer y cumplir el propósito de El en, y a través de nosotros, para que Jesucristo sea dado a conocer y ser glorificado en nuestras vidas y a través de nuestras vidas.

Por tanto, un **Devocional Bíblico Personal diario** nos enseña y habilita para conocer la voluntad de Dios y aprender a llevarla acabo; es decir, obedecerla.

Estas dos citas ademas nos revelan los dos elementos en los que se sostiene un Devocional Bíblico y estas son: _____ y _____. Los cuales son inseparables entre sí. Son uno mismo. Y son inamovibles de lo que es un **Devocional Bíblico Personal diario**.

Te sugiero ver cuantas veces tu creas necesario el video con este mismo título *¿Qué es un Devocional?* para que observes y repases estas citas bíblicas ademas de las citas:

Mateo 6:_____   Hebreos 1:_____. Juan 15:__y__

Mi deseo genuino, es que tu aprendas a pasar tiempo escuchando hablar a tu Señor Jesucristo a través de su Palabra escrita [La Biblia] para que aprendas a depender de Dios y de La Palabra de su gracia; tal y como lo dice Hechos 20:32.

Ademas de que tu relación con Jesucristo se fortalecerá y vendrá a ser madurará con el propósito de que tu vida cumpla y lleve mucho fruto para su gloria. Juan 15:8

Ahora ya tienes una *definición* y *en lo qué consiste* y en lo *qué obtendrás* de tus tiempos de Devocionall Bíblico. Con la plena confianza de que al ser un Devocional Bíblico, El Espíritu Santo te enseñará Juan 16:13, te llevará a toda verdad y te recordará todo lo que se te ha enseñado Juan 14:26, te concederá arrepentimiento Juan 16:8, corrección y conocimiento en su propósito, todos los días que tú vengas obedientemente a El.

Por otro lado, recuerdas ¿qué no es un devocional?

_____

_____

No olvides escribirme tus comentarios y preguntas; incluso tus sugerencias de temas que te gustaría hiciéramos un video. **oaomicanal@gmail.com**

Gracias

El Devocional y sus Herramientas

~

Este apunte instruccional, está basado en el video instruccional con título "El Devocional y sus herramientas" que lo encuentras en nuestro canal en YouTube oyendo y aprendiendo para obedecer, para que puedas completar este apunte.

Al hablar de las herramientas para nuestro tiempo **Devocional Bíblico Personal diario** nos referimos a:

1- LA __

2- ____

3- MARCADORES

4- ____

Si has visto y estudiado los dos videos anteriores a éste, considero que habrás notado el énfasis, la importancia que pretendo marcar con el cuidar con determinación y celo nuestro tiempo a los pies de nuestro Señor Jesucristo.

Y cuando hablamos de las herramientas, no podemos considerarlas como algo sin importancia o de cuidado porque si no las tenemos listas y a nuestro alcance, estaremos permitiendo ser distraídos y desenfocarnos en algo que creo está en nuestras manos.

Por esta razón es que te sugiero que celosamente prepares y cuides en tener listas estas herramientas.

La actitud que tu dispongas para tus tiempos de **Devocional Bíblico Personal diario** recuerda, es determinante para el resultado que se te ha prometido.

Hablemos entonces de estas 4 herramientas.

1. BIBLIA

Puede sonar obvio que La Biblia sea nuestra herramienta numero uno pero, si analizamos que desafortunadamente se recurre a tantos libros de reflexiones bíblicas como la fuente de un devocional; y que La Biblia se usa solo o, nada mas para "apoyar" "consultar" lo que se dice en esos libros que se le han llamado "libros devocionales"; entonces tu me podrás entender la importancia de poner a La Biblia en el lugar que le corresponde en nuestro **Devocional Bíblico Personal diario**. Así que, si tu tiempo devocional no es con La Biblia y acerca de lo que habla La Biblia que es la misma Palabra de Dios no podrá ser un devocional bíblico y mucho menos personal pues, tú estarás consultando la reflexión bíblica de alguien.

Por otro lado, creo que es oportuno decirte que en el video número cinco, te hablo acerca de las diferentes versiones de La Biblia. Te sugiero verlo porque sabrás qué versiones hay y cuáles son las adecuadas en base a su traducción y apego a los textos originales.

2. LIBRETA

Una libreta es considerada ademas de herramienta, un aliado tuyo. ya que al apuntar aquí las palabras y frases que día tras día y devocional tras devocional, aquí se va colectando una muy valiosa información la cual dá evidencia de lo que El Señor te ha ido enseñando, corrigiendo e instruyendo. Y que cuando tu regresas a checar esta libreta, y como tu aliada, lo que has ido escribiendo resalta densamente y fielmente lo que se te ha hablado directamente a tu corazón y por tanto, no solo lo que El Señor te ha hablado, ademas podrás ver que tanto le has obedecido pues iras viendo que has puesto tu diligentemente por obra. que tanto has puesto en practica obedientemente.

3. MARCADORES

Ya sea de un solo color o que cuentes con diversidad de colores, estos te ayudan a resaltar lo que subrayes en tu Biblia.

Ya sean palabras o frases que marques, estas son las que escribirás en tu libreta. Anotando ademas lo que a ti te dirija El Espíritu Santo.

En el video hablé que tu podrás usar un color específico para cuando El Señor te corriga y, otro cuando seas instruido o bien, enseñado. En fin. Este depende de tí.

4. BOLIGRAFO O PLUMA

De igual manera, pareciera un tanto "tonto" el incluir un bolígrafo en nuestra lista de herramientas pero, si consideramos que nos sucede con frecuencia que nuestra pluma no sabemos dónde se nos quedó o, que alguien la cambió de lugar, o bien, que se le acabe la tinta exactamente cuando estas anotando la solución a lo que has venido orando entonces, me entenderás porque debe ser incluida en esta valiosa lista de herramientas.

Pues, prácticamente estas listo para tu tiempo **Devocional Bíblico Personal diario**. Te sugiero ver el próximo video porque te enseñaré la parte práctica, el proceso de éste método de hacer un **Devocional Bíblico Personal diario**.

En los video anteriores has conocido ya la definición y en

qué consiste y qué obtienes de un **Devocional Bíblico Personal diario;** conoces ademas también la preparación y ahora las herramientas. Y si no has visto alguno de éstos contenidos, te animo a que vayas a nuestro Canal en Youtube de Oyendo y Aprendiendo para Obedecer y veas cuantas veces tú quieras estos primeros cuatro videos.

Recordándote que nos ayudarías mucho en compartir entre tus amigos, familiares y hermanos de tu iglesia acerca de estos videos para que cada vez mas gente aprenda a través de sus **Devocionales Bíblicos Personales y diarios** a aprender a depender de Dios y de La Palabra de Su gracia. Suscríbete y serás de los primeros en ser avisado cuando tengamos el video mas reciente y así no te pierdas de cada contenido e instrucción. Ademas de que obtendrás material como éste PDF y otros recursos mas que tengo planeados y preparados para ti.

Escríbeme, es de gran utilidad el saber tus comentarios. **oaomicanal@gmail.com**

Además, te recuerdo que puedes repasar las clases en nuestro canal en YouTube. Nos encuentras como: Oyendo y Aprendiendo para Obedecer.

Preparativos para un Devocional

~

Este apunte instruccional, está basado en el video instruccional con título "Preparativos para tu Devocional" que lo encuentras en nuestro canal en YouTube oyendo y aprendiendo para obedecer, para que puedas completar este apunte.

Uno de los motivos por los que podemos caer en desánimo en cualquier área de nuestra vida, es porque no nos preparamos para afrontar nuestros compromisos y responsabilidades. Y en nuestro **Devocional Bíblico Personal diario**, podemos caer en el mismo problema del desanimo.

Los tres elementos para prepararnos en cada devocional, día tras día son:

1- DISPONIBILIDAD Y _____

2- UN _____

3- _____ IDEAL

¿Recuerdas la explicación de cada uno de estos puntos? Expliquemos cada uno de estos tres elementos que respaldan una ACTITUD necesaria para nuestra vida devocional.

1- DISPOSICION Y DISPONIBILIDAD

Si tu no vienes obedientemente a los pies de tu Señor Jesucristo con la ACTITUD, con la determinación; el enfoque y entendimiento.

Es decir si tu no eres consciente a qué vienes a tu tiempo devocional y qué esperas obtener de este primordial e invaluable tiempo con Dios, será infructuoso e improductivo todo este tiempo.

Disponibilidad habla de tiempo otorgado o, dedicado en algo, mientras que Disposición se trata de querer o, dedicarle a algo.

Por tanto, cuando tu no vienes en la actitud, con disposición y disponibilidad, será improductivo tu tiempo pues, tu propio corazón da evidencias de tener otras prioridades; es decir tendrás otras actividades por encima de pasar primeramente buscando el reino de Dios y su justicia. Mateo 6:33

Por lo contrario, cuando tu, vienes dandole la importancia, la prioridad con disposición [querer hacerlo], protegiendo celosamente de este tiempo y disponiendo, otorgando el tiempo, estableciendo tu agenda y dandole la prioridad en tu día a tu Señor, y por quien es El en tu vida, estas dando evidencias de una actitud correcta con la que venimos ante nuestro Salvador.

2- APOSENTO (lugar idoneo)

A ti te corresponde el asignar un lugar idóneo.

Este aposento, no necesariamente se refiere a un lugar cómodo y bien iluminado; sobre todo, debe estar apartado de toda interrupción por el ruido o distracciones por la gente que pudiese estar al rededor de ese lugar durante tu tiempo devocional. Pero no solo por la gente y el ruido, ademas del celular, televisión o el radio. Es decir, este lugar debe ser idóneo porque esta blindado de cualquier distractor.

Y esto te corresponde a tí; el que tú asignes tu lugar idóneo. ¿Te das cuenta porque a un **Debocional Bíblico Personal diario** se debe de recurrir primeramente con la actitud correcta? No solo en el punto número uno aplicamos la determinación, aquí en asignar, tu un aposento, también requiere de que tu apliques la actitud, el cuidado en preparar un lugar idóneo al estar apartado y blindado de cualquier distracción que robe y te aparte de tu tiempo devocional.

Jesucristo mismo nos modelo este principio al enseñarnos en Mateo 6:6 y en Marcos 1:35 en cerrar la puerta, apartarse con el objetivo de pasar tiempo y a solas con Dios.

Mateo 6:6   Reina Valera 1960

6 Mas tú, cuando ores, entra en tu aposento, y cerrada la puerta, ora a tu Padre que está en secreto; y tu Padre que ve en lo secreto te recompensará en público

3- DETERMINA UN TIEMPO IDEAL

Ya que has entendido que durante tu tiempo devocional se requiere de tu actitud; te darás cuanta que también te corresponde a ti determinar un tiempo ideal en algún momento de tu día. En otras palabras, que tu apliques Disponibilidad de horario y determinar un tiempo que sea consistente y al mismo horario preferentemente.

Al determinar tu de este tiempo, tu estableces esa prioridad en tu día al venir obedientemente a oír a Dios a través de su Palabra Escrita. Pues, tu estas estableciendo y ordenando tu agenda en base a tus prioridades.

Yo te sugiero que sea por las mañanas tu tiempo de **Devocional Bíblico Personal diario** pues al tu establecerlo antes de cualquier actividad, te encontraras fresco y sin las distracciones que te exigen tus ocupaciones familiares, profesionales y laborales en cualquier otro tiempo del día.

Éxodo 34:2 Reina Valera 1960

2 Prepárate, pues, para mañana, y sube de mañana al monte de Sinaí, y preséntate ante mí sobre la cumbre del monte.

Esta cita de Éxodo, si la observas con detenimiento, nos permite ver que al indicarle Dios Todo Poderoso a Moisés que se preparara, nos enseña que debió aplicar la actitud necesaria para venir delante de Dios preparado; y en venir [obediencia] por la mañana [prioridad, ante poniendo] a presentarse ante Dios.

¿Tú qué opinas? Te agradeceríamos mucho en esta comunidad de OAO! que nos escribas lo que has aprendido y tus impresiones. créeme que nos es necesario a toda esta comunidad el conocer tus comentarios.

Así que, hemos aprendido que ante un **Devcional Bíblico Personal diario,** debemos prepararnos con la actitud determinante de DISPOSICION y DISPONIBILAD. Y con la actitud de asignar un LUGAR IDONEO [APOSENTO] Y con tu actitud de asignar un TIEMPO IDEAL.

Isaias 50:4-5 y Salmo 5:3

Recuerda que estamos en YOU TUBE. El Canal se llama: Oyendo y Aprendiendo para Obedecer. Suscríbete y ayúdanos a crecer compartiendo entre tus amistades acerca de este canal.

Gracias

¿Cómo se hace un Devocional?

~

Este apunte, está basado en el video instruccional con título "Cómo se hace un Devocional?" que lo encuentras en nuestro canal en YouTube oyendo y aprendiendo para obedecer. Te sugiero que lo veas para que puedas completar este apunte.

Ya conoces qué es un **Devocional Bíblico Personal diario** y en qué consiste y para qué te sirve. Ademas ya sabes que La Biblia y El Espíritu Santo son inseparables uno del otro y que son la plataforma, el orígen de tu tiempo Devocional.

En videos anteriores, conociste la actitud con la que conscientemente nos disponemos en obediencia para venir a oír a Dios a través de Su Palabra. Y casi te veo ahora mismo con tus cuatro herramientas listas para tus tiempos ante tu Señor. Qué gusto!

Y en el video de hoy, te enseñé cómo hacer un **Devocional Bíblico Personal diario.**

¿Repasamos?

Antes de dar inicio y conocer la parte practica, te sugerí que ores para que seas dirigido por El Señor y escojas uno de los 66 libros de La Biblia.

Y ya teniendo decidido este libro co el que tendrás tus tiempos devocionales, repasemos el proceso que recordaras se forma de _____ partes:

1- ORACION INICIAL

2- _____ de OBSERVACION SUBRAYANDO.

3- MEDITAR en _____

4- _____ FINAL.

Sencillo verdad?

Te sugiero ver el video cuantas veces te sea necesario para que tengas un buen apunte y no solo la lista del proceso sino, que ademas sepas con entendimiento cada uno de los cuatro pasos de este proceso en cómo hacer un **Devocional Bíblico Personal diario**

Así que:

1- ORACION INICIAL

Escribe lo que recuerdes en qué implica abrir nuestro tiempo devocional con oración.

¿Recuerdas lo que se dijo acerca de, qué no incluir en este tiempo?

_____

_____

_____

Escribe lo que básicamente pero, conscientemente oramos en este inicio de nuestro devocional.

_____

_____

2- LECTURA DE OBSERVACION SUBRAYANDO.

Escribe tres o mas características de la lectura de observación.

_____ ,

_____, _____

y _____.

Recuerdas cuántos versículos o capítulos han sido los sugeridos en cada tiempo devocional?

_____

_____

3- MEDITAR EN LO SUBRAYADO [palabras o frases]

Qué importancia tiene la meditación en las palabras o frases que subrayes , ¿lo recuerdas?

_____

_____

_____

Durante este proceso de meditación es cuando El Señor te muestra tu corazón y tiene algo que enseñarte, _____, corregirte o bien, instruirte de acuerdo a 2a. Tim 3:16-17.

Escribe las razones por las que no te recomiendo abarcar mucho en lectura en un solo día de tu devocional.

Escribeme qué piensas o si tienes alguna pregunta al respecto. mi correo electrónico es **OAOmicanal@gmail.com**

4- ORACION FINAL

Esta parte muestra principalmente tu sumisión y dependencia a Jesucristo pues, la diferencia entre la oración inicial y esta parte de cerrar tu **Devocional Bíblico Personal diario** con oración es que al iniciar _____ llegas *disponiendo tu mente y corazón; te rindes a El buscando conocer Su voluntad.*

Y al finalizar nuestro tiempo devocional, *cerramos orando, rindiendonos pidiendo que El te ayude a*_____ *lo que El, te ha indicado* mostrado a tu corazón que, por ejemplo, debas pedir perdón a alguien o, cortar de tu vida con algo ilícito delante de

Dios. O bien, asuntos de orgullo, rencores, egoísmo infidelidad, idolatría, envidias, en fin. Tantas concupiscencias en nuestros corazones.

No olvides suscribirte a este canal en YouTube Oyendo y Aprendiendo para Obedecer; y que nos ayudes en darle like a cada video. Con esto, nos ayudas mucho en crecer y a que estos videos lleguen a mucha gente y aprendan a hacer sus Devociones Bíblicos Personales y diarios.

Gracias.

¿Por qué hacer un Devocional?

~

Este apunte instruccional, está basado en el video instruccional con título "¿Por qué hacer un Devocional?" que lo encuentras en nuestro canal en YouTube oyendo y aprendiendo para obedecer, para que puedas completar este apunte.

Una de las respuestas que más importan durante nuestra vida devocional es conocer las razones, los porqués de pasar tiempos devociones.

Tú estarás de acuerdo conmigo que no solo importa el saber una definición de lo que es un Devocional pues, hay diversas definiciones y métodos. Pero, yo te diría que aún mas importante que una definición, es vivir sabiendo por qué leemos escuchando y meditamos en Las Escrituras. Los por qué necesitamos conocer la voluntad de Dios y buscar, delante de Dios su ayuda para que la podamos obedecer. Esto es realmente necesario.

Por tanto, en el video de hoy, no solo conociste 50 razones de por qué hacer un *Devocional Bíblico Personal diario*. Porque estoy seguro que tú tendrás aún más razones. Y por esto es que busco nos compartas tus razones; necesitamos esta comunidad de OAO!, saber cuáles son tus razones de hacer tu Devocional.

Te sugiero ver el video cuantas veces quieras y en los espacios de abajo, escribas las citas bíblicas; las repases y subrayes las palabras que te ayuden a fortalecer tus razones.

Dime qué piensas, y si tienes alguna pregunta al respecto; te agradeceré mucho me escribas y me compartas lo que piensas acerca de este tema. mi correo electrónico es **OAOmicanal@gmail.com**

No olvides suscribirte a este canal en YouTube Oyendo y Aprendiendo para Obedecer y que nos ayudes en darle like a cada video. Y suscríbete; con esto, nos ayudas mucho en crecer y así estos videos lleguen a mucha gente y aprendan a hacer sus Devociones Bíblicos Personales y diarios.

Gracias.

¿Cuál traducción de La Biblia, es la idónea para un Devocional?

~

Este apunte instruccional de estudio, está basado en el video instruccional con título "Cuál traducción de La Biblia es la idónea para tu Devocional" que lo encuentras en nuestro canal en YouTube oyendo y aprendiendo para obedecer, para que puedas completar este apunte.

En video tras video y tu tiempo devocional tras devocional, has comprobado que el origen, el cimiento y fundamento de un **Devocional Bíblico Personal diario** es La Biblia.

Sin embargo, al platicar con algunos de ustedes y en tus comentarios se ha venido preguntando acerca de un asunto nada superficial y muy común que ha llevado a crear el contenido del video y apunte de este tema. ¿Cuál traducción de La Biblia es la idónea para un Devocional?

Algunos de ustedes, están leyendo una Biblia que fue traducida palabra por palabra; otros están leyendo Biblias con pensamientos y aún, paráfrasis de todo lo que dice el texto original. Sabes tu, ¿qué traducción de los textos originales estas leyendo?

Se sabe que estas categorías de traducciones han sido hechas por las casas editoriales al pagar a traductores e instituciones con el propósito de querer "facilitarte la lectura". Y por esta razón encuentras Biblias que tienen palabras y frases diferentes; incluso no concuerdan en algunos casos en el número de versículo; ya ni decir de versículos que en algunas versiones han sido excluidas por considerar estas versiones, que su pensamiento o, paráfrasis explica mejor el texto original.

En el siguiente cuadro te expongo estas categorías las cuales en una de estas, se encuentra tu Biblia.

CATEGORIAS DE TRADUCCION MODERNA DE LA BIBLIA		
Palabra por Palabra	Pensamiento por Pensamiento	Paráfrasis

Y te decía en el video que aún hay quienes simplifican aún más estas categorías a dos grupos.

CATEGORIAS DE TRADUCCION MODERNA DE LA BIBLIA	
Equivalencia Formal/ Estudio Formal	Equivalencia Dinámica/ Fácil Lectura

Y para ayudarte a entender aún más estas categorías, me permitiré utilizar el segundo grupo que simplifica las traducciones modernas de La Biblia con el siguiente cuadro.

CATEGORIAS DE TRADUCCION MODERNA DE LA BIBLIA	
Biblias de Estudio Formal	**Biblias de Fácil Lectura**
Traducciones Palabra por Palabra	Traducciones con Pensamiento por Pensamiento
	Traducciones con Parafrasis

Pero más importante en saber cuántas y cuáles son estas categorías, y con sus muy específicas estrategias, es fundamental que sepas en tu mente y corazón el *para qué, cuál es tu propósito en leer tu Biblia*; **lo haces, con el propósito de obedecerla? ¿con la prioridad de disfrutar una vida devocional? ¿buscas conocer la voluntad de Dios para obedecerla y ser obediente a Él?**

Tú eres quien debe responder estas preguntas; ¿qué buscas?, ¿qué razones hay en ti en exponerte a la luz de La Palabra de Dios, todos los días?

Ademas de contestar desde tu corazón estas preguntas, es necesario que leas 2P 1:19-21 ¿Qué observas?

_____

_____

_____

_____

De acuerdo a 2T 3:16 ¿Quién inspiro Las Escrituras?

_____

_____

¿Qué orden dio Dios en Juan 5:39?

_____

_____

Recuerdas ¿qué significa "escudriñar"?

_____

_____

Considero que como hijos de Dios; como discípulos de Jesucristo, lo idónea es que basemos nuestros tiempos de lectura y vida devocional en una Biblia, con una traducción bíblica que exprese lo mas fiel posible el texto original que ha sido inspirado por Dios mismo.

Dime qué piensas, y si tienes alguna pregunta al respecto; te agradeceré mucho me escribas y me compartas lo que piensas acerca de este tema. Dime que versión o, traducción usas tú y por qué. Mi correo electrónico es **OAOmicanal@gmail.com**

No olvides suscribirte a este canal en YouTube Oyendo y Aprendiendo para Obedecer y que nos ayudes en darle like a cada video y, suscribirte; con esto, nos ayudas mucho en crecer y así estos videos lleguen a mucha gente y aprendan a hacer sus Devociones Bíblicos Personales y diarios.

Gracias

Apuntes Instruccionales de Estudio

~

Notas

Capítulo 1. *¿Qué es un Devocional? Su definición y su propósito*
¿De qué te sirve un devocional diario en tu vida?
Romanos 14:7-8
Romanos 12:1 1
Corintios 6:19-20
Josué 1:7-8
2 Timoteo 3:16-17
1 Corintios 2:15-16
Salmo 119:11-12
Deuteronomio 30:14-16

Capítulo 2. *El Devocional y tu preparación.*
Proverbios 4:18
Éxodo 34:2
Salmo 5:3
Isaías 50:4-5
Marcos 1:35

Capítulo 3. *Tu Devocional y sus herramientas.*
Jeremías 36:2

Capítulo 4. *¿Cómo hacer tu Devocional Bíblico Personal diario?*
Proverbio 1:3

Salmo 119:11-12
Nahum 8:8
Salmo 51:10
2 Corintios 3:18
Proverbio 4:20-23
Proverbio 8:34
Santiago 1:23-25

Capítulo 5. *¿Cuál traducción de La Biblia es la idónea para tus tiempos Devocionales?*
2 Pedro 1:19-21
Deuteronómio 17:19-20

Capítulo 6. *Propósito de una Vida Devocional.*
1 Pedro 5:10
Lucas 6:40
Santiago 5:8
Nahum 1:7
Hechos 17:31
Hebreos 13:20-21
1 Pedro 1:2
Proverbio 2:1-5
Hebreos 3:7-10
Hebreos 4:2
Job 42:1-6
Deuteronómio 30:15-16

Biografía del Autor

~

Por gracia y redimido por Jesucristo. Es felizmente casado. Frank es un comunicador, escritor y productor de radio y televisión creativo. (Hoy en día, produce video para diferentes redes sociales, digital marketing y Podcast)

Es egresado del "Rio Bible College en Edinburg, Texas en USA; de donde obtuvo importante formación formal y doctrinal bíblica con énfasis pastoral; siendo esta su segunda carrera académica profesional, ya que s egresado de La Universidad Del Valle de México, plantel Lomas Verdes; en el Estado de México, de donde culminó su licenciatura en Ciencias de la Comunicación. Dos años mas tarde, tuvo el privilegio de estudiar en Geoffrey R. Conway School of Broadcasting and Communications en Burlington, Ontario. Canadá. Fue miembro de la "Iglesia Familia Semilla" en McAllen Texas; de donde obtuvo la formación práctica doctrinal bíblica que ha marcado su vida en varias áreas. Al predicarse en esta iglesia La Biblia expositivamente y verso a verso, esto le ha dado una inigualable plataforma sistemática tanto en sus estudios personales como, en la forma de exponer Las Escrituras en estudios biblicos, predicaciones y en los medios de comunicación.

Actualmente se congrega y con su esposa en la iglesia "Redemption Bible Chapel en London, Ontario en Canadá.

Produce su canal en YouTube y en conjunto con las redes sociales y PodCast enseña a esta comunidad, cómo tener una Vida Devocional; en donde se te invita a seguirlo. Es narrador de audio-books y además su voz se escucha en diversos comerciales de radio y televisión.

Más Información

- Nos encuentras en **YouTube** como: *Oyendo y Aprendiendo para Obedecer*
- Nos encuentras en **Facebook**: *Oyendo y Aprendiendo para Obedecer*
- Nos encuentras en las diversas plataformas de **PodCast**:
- Anchor: *https://anchor.fm/oaopodcast*

¡Gracias!

Made in the USA
Las Vegas, NV
04 February 2024

85234405R00069